José Paulo, PhD

SEGREDOS DO PODER

Descubra como se tornar um mestre em persuasão e influência

São Paulo

2022

Ficha catalográfica elaborada por Marta de Souza Pião – CRB 8/6466

S586s	Silva, José Paulo Pereira, 1973-
	    Segredos do poder : descubra como se tornar um mestre em persuasão e influência / José Paulo Pereira Silva. – São Paulo : Ideal Life, 2022.
	    196 p. : il. color. ; 21 cm. (Coleção Segredos)
	
	    Inclui bibliografia.
	    ISBN 978-65-84733-27-5
	
	    1. Poder (Ciências Sociais). 2. Sucesso nos negócios. 3. Relações interpessoais. 4. Autoajuda. I. Título. II. Série.
	
	    CDD: 650.1
	    CDU: 65.012.46

Ideal Life é o Selo Editorial da Editora Ideal Books

FICHA TÉCNICA

Direção Ideal Books
Rackel Accetti

Coordenação Editorial
Raquel Andrade Lorenz

Editoração
Departamento de Desenvolvimento Ideal Books

Redação
Departamento de Desenvolvimento Ideal Books

Parecerista
Ewerton Quirino

Aprovação
Ewerton Quirino

Revisão Ortográfica
Editora Coletânea

Projeto Gráfico, diagramação e Capa
Editora Coletânea

Imagem da Capa
Adaptada de Stock.adobe.com/Sergey Nivens

*A minha esposa Roseli e a meus
quatro filhos, pelo amor, carinho
e pelos sonhos que realizamos
juntos. Que nossa caminhada seja
sempre no caminho da verdade.*

SUMÁRIO

Prefácio _____ 7

Autor _____ 10

Introdução _____ 12

1. Poder _____ 15

   1.1 Liderança tem a ver com poder? _____ 18

   1.2 Todo poder é relativo _____ 20

   1.3 Por que algumas pessoas se destacam
        mais que outras? _____ 25

   1.4 Pessoas com poder delegam _____ 32

2. Hábitos Poderosos _____ 39

   2.1 Como construir hábitos poderosos _____ 47

   2.2 Relações poderosas _____ 54

   2.3 Atitudes têm mais poder
        do que palavras _____ 62

3. Nada tem mais valor que o seu nome _____ 73

   3.1 O livro mais poderoso do mundo _____ 88

   3.2 Defenda a sua reputação _____ 102

   3.3 Sair da zona de conforto _____ 109

3.4 Empoderamento feminino _____ 116

3.5 O sucesso é garantido por muito trabalho
e esforço _____125

4. Liderança *versus* poder _____127

4.1 Ser líder é diferente de ter poder _____ 137

4.2 Aumente o seu poder
e alcance mais pessoas _____143

4.3 Chame atenção, seja ousado _____ 151

4.4 Transforme fraqueza em poder_____159

5. Dicas de poder _____ 169

5.1 O que toda pessoa deve
ter para desenvolver poder_____176

5.2 Entenda sobre leis _____ 178

5.3 Descubra o "botão verde" das pessoas _____183

Referências_____ 193

Quem somos? _____ 196

PREFÁCIO

Honrada com o convite de José Paulo Pereira Silva para prefaciar *Segredos do Poder*. Asseguro que esta obra representa uma contribuição significativa para o fortalecimento deste tema instigante no cenário contemporâneo.

A trajetória pessoal e profissional do autor se conecta com a narrativa apresentada – de que todas as pessoas exercem algum tipo de poder. Mas, de qual poder o autor está falando? Um poder que exige atenção e cuidado, poder ético, que deve ser usado para o bem comum e para seu desenvolvimento na vida das pessoas.

José Paulo, empreendedor, com visão para construir novos negócios, com constância de propósito e trabalho duro, alcançou muito sucesso. Dedica-se à formação e à mentoria de muitas pessoas ao seu redor, possibilitando que seus colaboradores se desenvolvam como líderes. Como pastor, tem a preocupação de orientar as pessoas na observação dos preceitos divinos e cuidar para que todos possam se desenvolver nas sete áreas da vida: pessoal, profissional, familiar, social, financeira, cultural e espiritual, buscando equilíbrio entre elas.

Reconhece que a família é o pilar que sustenta a sociedade e, juntamente com a esposa e o papel que a mulher representa, estabelece as orientações que possibilitam a sustentação e a educação plena, na construção dos valores de vida e princípios morais sólidos.

A forma direta e harmoniosa de lidar com a vida pessoal e profissional é compartilhada com outras pessoas e explicita uma estreita relação com os conteúdos tratados no livro. Além disso, o livro questiona se a liderança tem a ver com poder, o porquê de algumas pessoas se destacarem mais do que outras e se qualquer um pode descobrir que tem vocação para ser líder de uma hora para outra.

Em suas páginas, *Segredos do poder* reconstrói diferentes fatores que possibilitam uma visão clara do que é poder.

Você, leitor, é convidado a refletir sobre qual a melhor forma de chegar ao sucesso e quais fatores devemos considerar para obtê-lo. José Paulo desenvolve com maestria, nos capítulos do livro, as respostas e ações sobre estas questões e outras que se desdobram a partir delas.

Para isso, tem o cuidado "extremado" de buscar a importância do relacionamento do indivíduo com Deus, enfatizando, por meio de citações bíblicas, a importância da meditação e do respeito às atividades humanas no contexto social.

Nesse sentido, baseia-se, principalmente, no grande sucesso de Salomão em conduzir, com profunda sabedoria, o seu povo, além de vários ensinamentos do velho e do novo testamento. Sendo assim, por tantos conhecimentos explicitados, sinto-me orgulhosa e agradecida por ter sido convidada a tecer considerações sobre esta importante obra.

Sucesso aos leitores no mergulho profundo deste livro, num momento histórico em que a tecnologia e o perfil das pessoas exigem mudanças.

Boa leitura!

Denise Sawaia Tofik
Mestre em Serviço Social e Diretora Acadêmica FTrends

BÔNUS

ESCANEIE O QR CODE A SEGUIR E TENHA ACESSO AO CONTEÚDO BÔNUS EXCLUSIVO DESTE LIVRO.

AUTOR

José Paulo Pereira Silva é graduado em Engenharia de Produção, Mestre e Doutor em Administração de empresas e Pós-Doutor em Relações Internacionais pela Florida Christian University (FCU/USA). É presidente e fundador do Grupo Ideal Trends, atualmente com 25 empresas em 30 países e projetos de crescimento exponencial. Formou centenas de empreendedores e tornou colaboradores seus sócios. "Dividir é multiplicar!".

José Paulo também é pastor na Igreja-Escola Ideal Way, onde busca evangelizar e mobilizar pessoas com métodos e ferramentas de ensino e aplicabilidade bíblica, além do equilíbrio das sete áreas da vida.

José Paulo Pereira é casado, pai de quatro filhos. Desde sua juventude sempre foi ávido por resultados e muito trabalho.

Com uma visão aguçada para novos negócios, José Paulo não se limita apenas ao próprio crescimento, mas dedica-se também à formação e à mentoria de milhares de pessoas, dando a oportunidade para seus colaboradores de tornarem-se sócios de suas empresas de forma meritocrática e seguindo seu modelo de liderar pelo exemplo, com a aplicação da cultura para todos no Grupo.

Durante esse período, por meio de seus direcionamentos, transformou pessoas simples e dedicadas em empresários de grandes resultados, entre eles, jovens que já possuem sua liberdade financeira.

Tendo como base a integridade, resultados, constância e fé, e por acreditar que dividir é multiplicar, José Paulo tem prazer em passar todo seu conhecimento para o desenvolvimento de pessoas em diversas áreas do mercado.

INTRODUÇÃO

JORNADA DE JOSÉ PAULO

São muito curiosos os caminhos que a vida nos leva. Eu mesmo nunca pensei que estaria aqui, por meio de um livro, falando com você, ou que poderia convencer e influenciar positivamente pessoas que eu nem conheço. Mas neste momento é exatamente isso que está acontecendo: por alguma razão, eu consegui convencer você a querer ler esta obra.

O que aconteceu comigo para eu sair do estado de poder em que vivia, no qual eu não conseguia influenciar ninguém nem para pegar um copo d'água para mim, para hoje comandar um grupo empresarial multimilionário com mais de 25 empresas, é a chave que eu vou te apresentar ao longo deste livro. Independentemente se você tem aspirações empreendedoras ou não, tudo o que você vai ver pode ser aplicado em diferentes aspectos da sua vida e, principalmente, nas relações e conexões que você estabelece, sejam elas pessoais ou profissionais.

E você pode até se questionar: é realmente possível me tornar um mestre em persuasão e influência apenas com a leitura de um livro? E a única resposta que eu posso te dar é "sim, é possível!", se você aplicar, testar e treinar tudo o que eu vou te apresentar aqui. E eu falo isso por experiência própria, até porque nem sempre eu fui a pessoa que eu sou hoje.

Por isso, uma das coisas que quero que você já comece a refletir é: como você se posiciona diante das situações e das pessoas? Falo isso porque foi exatamente quando percebi alguns dos meus comportamentos que dei início à construção do caminho que sigo hoje. E tudo começou quando eu trabalhava até tarde numa empresa consertando máquinas e passei a observar um sujeito que chegava na empresa de paletó e gravata e sempre estacionava o carro na vaga do filho do dono da empresa. Aquele homem não tinha nenhum parentesco com o dono ou com o seu filho, mas tinha um poder e uma influência enormes sobre eles. Foi observando e estudando essa relação de poder que tive o meu primeiro "click" para toda a mudança que iria acontecer na minha vida.

Eu nasci numa região pobre, na cidade de São Paulo, e sempre acreditei que o trabalho é a porta para realização dos nossos sonhos. Mas não bastava apenas trabalhar duro, era preciso trabalhar certo e ter também as ferramentas certas à disposição. Quando eu soube que aquele homem influente trabalhava no setor comercial da empresa, decidi na época fazer um curso por correspondência, que era o que eu tinha condições de fazer, para entender tudo o que fosse possível sobre o setor comercial e de vendas e, assim, tentar exercer um tipo de poder diferente do que eu tinha na posição que eu ocupava.

Confesso que não foi nessa empresa que eu consegui me tornar um homem tão influente quanto aquele engravatado que eu via chegar todos os dias, mas foi graças a essa percepção que me posicionei de uma outra forma e decidi começar do zero o meu próprio negócio. Hoje, com mais de 25 empresas, seria injusto da minha parte dizer que comecei tudo isso sozinho. Tudo só foi possível porque eu consegui mobilizar pessoas que compartilhavam do mesmo sonho que eu e, junto com elas, me movi na direção dos nossos sonhos. E é isso que eu vou te apresentar nestas páginas: como você pode criar conexões e influenciar pessoas de forma ética, em benefício de um sonho comum.

Boa leitura!

O Segredo do Poder está em usá-lo como ALIADO diário, aplicando-o com SABEDORIA e INFLUENCIANDO para o BEM.

01

PODER

Muitas pessoas querem sucesso, mas poucas o têm, porque sucesso é uma combinação de elementos que exigem cuidados. Existem fatores que devem ser considerados quando buscamos a melhor forma de chegar ao sucesso, um deles é o Poder.

Para refletirmos acerca deste primeiro fator, iremos lançar mão de estudos realizados por especialistas que, ao longo do tempo, mapearam de forma holística a melhor trilha, o melhor formato e a melhor maneira de alcançar resultados extraordinários. Mas, cautela! Não estamos falando de qualquer poder, estamos falando de algo ético, utilizado para o bem comum.

Você precisa de uma visão muito clara do que é poder e de como construir o poder necessário para a sua vida. A vida é feita de escolhas, do instante que se acorda até o último segundo antes de dormir, milhares de decisões são tomadas, de acordo com suas escolhas. O poder de escolha é fundamental para a melhor decisão. E como você pode ter um poder melhor de escolha? Estando preparado!

Uma pessoa bem instruída exerce o poder do conhecimento sobre a menos instruída. Assim como uma pessoa sábia exerce o poder da sabedoria sobre o tolo. O fisicamente mais forte exerce o poder da força sobre o mais fraco. Dessa forma, você pode constatar que a supremacia e a excelência nos comportamentos, nas habilidades e nos conhecimentos humanos lhe darão poder sobre ações e decisões. Darão o poder de escolha.

É fundamental ter poder em sua vida, porque ninguém faz nada nesse mundo sozinho. O poder transpassa por várias áreas do conhecimento e da vida. O poder que se fala aqui é principalmente o poder de mobilizar e influenciar pessoas em função de uma causa.

O periódico científico publicou um estudo que revela que o tom grave da voz masculina atrai a atenção das mulheres, mas o mais surpreendente desse estudo foi que esse tom de voz causa um impacto ainda mais significativo em outros homens, que o consideram intimidatório, exercendo certo poder de influência (PUTS et al., 2016).

As características físicas e comportamentais exercem influência sobre as pessoas; a forma de se vestir, de se portar à mesa, de conduzir um diálogo ou de se comportar em família, por exemplo, são formas de exercer o poder pela inspiração.

Todos exercem algum tipo de poder, quer ver só?

Quando bebês, éramos vulneráveis e dependentes do pai e da mãe ou da pessoa responsável por nós e, nessa condição, já tínhamos uma influência. Por exemplo: quando a fome apertava, nós chorávamos, ou seja, exercíamos o poder que nos cabia, e chorando obtínhamos o nosso alimento.

Na adolescência, nossos pais tinham liderança sobre nós, isso porque geralmente são eles que nos direcionam no dia a dia, principalmente nessa fase tão difícil. O poder exercido pelos pais é fundamental para uma adolescência saudável e assertiva, no sentido de viver boas experiências que agreguem valor formativo para a vida adulta.

Poder

Liderança dos pais.

Na escola por exemplo, quem tinha liderança sobre nós eram os professores. Sim, eram eles que dirigiam as aulas e nos conduziam pelo melhor caminho em direção ao aumento do nosso intelecto. No período de escolarização, o poder exercido pelos professores também foi fundamental para a construção e desenvolvimento de nosso conhecimento.

Estamos falando de algo que precisa de cuidado, atenção e que deve ser muito bem trabalhado, considerando princípios éticos para que não se torne uma ferramenta para o mal. Se olharmos para a história, veremos que grandes ditadores como Gengis Khan (1162-1227), Adolf Hitler (1889-1945), Benito Mussolini (1883-1945) e tantos outros, usaram essa influência para o mal e causaram grandes estragos para a humanidade.

Muitos dos itens que veremos sobre os segredos do poder foram usados pelos ditadores através de uma estratégia distorcida, com a intenção de fazer o mal, causando problemas como os confrontos na Primeira e Segunda Guerras Mundiais.

Nesse sentido, precisamos ter em mente que o poder deve ser usado para o bem comum. É justamente sobre essa transformação que iremos falar, de como obter clareza do caminho certo, o qual une fatores, práticas e métodos do nosso dia a dia e nos levam a ter poder sobre outras pessoas.

Vamos verificar pontos sobre os diferentes segredos, olhando para os fatores que nos possibilitaram uma visão clara do que é o poder e como podemos desenvolvê-lo em nossa vida. Já que ninguém faz nada nesse mundo sozinho, ter a capacidade de mobilizar pessoas em função de uma boa causa passa a ser fator predominante.

1.1 LIDERANÇA TEM A VER COM PODER?

A pessoa pode exercer o poder da liderança. Essa forma de liderança não é necessariamente atribuída ao indivíduo, pois a pessoa com uma determinada excelência na condução de suas atividades exerce o poder da liderança por consequência de seus atos. Por isso, pode-se considerar que a liderança também tem a ver com poder, pois está contida no poder.

Apesar de ter relação, liderança e poder não são iguais. As pessoas que têm poder tendem a ser líderes, mas os líderes não desenvolvem necessariamente todas as características do poder, assim como, nem sempre todas as pessoas que têm poder, são líderes.

Se tratarmos de poder político, financeiro ou formal, nem todas as pessoas que exercem o poder são líderes; mas, do ponto de vista do poder como um atributo, uma relação de conhecimento e sabedoria, todos que conseguem exercer o poder são líderes de alguma forma. O poder é uma força que influencia, converge, conduz e lidera pessoas.

O ideal é que o líder adquira um conjunto de habilidades de poder e coloque-o em prática para liberar o seu potencial de liderança e de alcance. Dessa maneira, seu círculo de influência e controle serão ampliados.

Através de muitas pesquisas, chegamos aos segredos do poder, passando por livros como *As 48 leis do Poder*, de Robert Greene, um clássico que teve sua primeira versão escrita há pelo menos 30 anos. Outros títulos apresentam leis interessantes, mas também dispõem de leis que beiram a ética, ficando numa linha cinza que não atende o que compreendemos fazer parte dos reais segredos dessa influência transformadora.

O nosso foco está no que apresenta alto nível de assertividade para a vida pessoal e profissional, porque o objetivo aqui é falar sobre os segredos do poder que permitem crescer, ser um marido e uma esposa melhor, um líder e até um empresário melhor.

Diferente de aspectos relacionados à manipulação, focaremos em autenticidade para que, a partir de nossas qualidades, possamos exercer cada vez mais influência sobre o mundo e sermos capazes de servir com aquilo que somos bons e amamos fazer.

Muitas pessoas são como verdadeiros baús cheios de tesouro no fundo do mar, mas afinal de contas, de que nos serve um baú como esse? De nada! Agora, se ele for retirado do mar, aí sim ele passa a ter valor. É nesse sentido que a reflexão acerca dos segredos do poder nos ajudará em uma transformação.

Baú de tesouro.

Comecemos compreendendo o que é ciclo de controle: trata-se de ter uma atitude controladora, não relacionada diretamente a uma pessoa, mas a um ambiente. Por exemplo, um pai tem como ciclo de controle a sua família e um líder empresarial tem como ciclo de controle as pessoas que trabalham com ele.

Outro item é o ciclo de influência, relacionado a pessoas que estão além do ciclo de controle. Por exemplo, em uma empresa são nossos fornecedores, concorrentes, clientes e público em geral, que em alguma medida são influenciados por nossas ações.

O ciclo externo também é muito relevante para o bom entendimento dos segredos. Ele é maior ainda que os anteriores: são as pessoas que não estão no ciclo de controle e nem no ciclo de influência, elas estão no mundo, isto é, não nos conhecem, mas podem ser afetadas positivamente por nós.

"A sabedoria pode fazer mais por alguém, do que dez prefeitos por uma cidade" (Eclesiastes 7:19).

Para quem deseja ter essa transformação, a primeira coisa a ser feita é buscar sabedoria. Sabedoria do ponto de vista científico é a soma do conhecimento e da experiência. É a sabedoria que nos proporciona habilidades para a tomada de decisão, nos ajuda a fazer escolhas certas ao longo da vida, o que nos permite um nível de assertividade maior em relação a maioria.

1.2 TODO PODER É RELATIVO

Em linhas gerais, a palavra poder está relacionada à possibilidade, influência e força. Neste sentido, significa que eu posso exercê-lo em determinado cenário ou ocasião. Perceba que todo poder é relativo e toda pessoa tem influência em relação a algo ou alguém em algum momento.

Já a sabedoria é a capacidade de discernir coisas de pessoas. Quem tem sabedoria difere coisas boas das medianas e ruins, e também pessoas, que são únicas e originais. Além disso, consegue caminhar melhor pela trilha da vida, pois o discernimento colabora com o bom relacionamento interpessoal ao longo da nossa trajetória.

A primeira dica geral que devemos aplicar em virtude dessa transformação é: ter sabedoria. Ao desenvolvê-la através da leitura, nós adquirimos conhecimento. Muitas vezes as pessoas demoraram um, dois, cinco ou até dez anos para escrever um livro e, quando temos a oportunidade de lê-lo, adquirimos todo o conhecimento nele contido.

Prática da leitura.

Outras formas de adquirir sabedoria é escrevendo e conversando com sábios. Ao colocar as ideias no papel, nós desenvolvemos um grande processo intelectual e o mesmo acontece quando conversamos com um sábio, porque ele atua como mentor e orientador em determinado tema, colaborando para um entendimento muito mais rápido.

Existe a possibilidade de nos dedicarmos à leitura de um bom livro ou de escrevermos com frequência e, mesmo assim, não encontrarmos respostas para as perguntas que nos motivaram a buscar esses recursos. Mas, ao nos relacionarmos com quem é especialista naquilo que nos aflige, um sábio, certamente teremos a resposta exata para o que precisamos.

O poder deve sempre ser utilizado para colaborar com a construção do bem comum. Quem tem influência deve ser portador de coisas boas para que, então, seja possível ajudar no desenvolvimento e melhoria de outras pessoas, empresas e organizações.

Após essa breve introdução acerca de alguns pontos elementares sobre os segredos do poder, vamos partir para ações primordiais que devem ser aplicadas em nosso dia a dia, em direção a uma vida com poder. Ações que muitas vezes não nos damos conta de estar negligenciando e, por consequência, prejudicando nossa busca pelo poder.

1. **Busque a excelência.** Cada ato que você for desempenhar, faça com muito amor. Se for preparar a mamadeira para seu filho, faça com muito amor. Se for realizar uma atividade na empresa em que trabalha, faça com amor. Se for cortar a grama da sua casa, faça com amor. Quando você realiza as coisas com amor, o caminho natural é a excelência, e a excelência lhe dá muito poder. Todas as pessoas que exercem algum tipo de poder sobre as outras fazem algo com excelência que atrai e chama a atenção das demais.

2. **Seja reservado.** Não revele tudo de você às pessoas, não saia por aí falando tudo sobre a sua vida, seja uma pessoa reservada e fale o que é essencial para poder contribuir com o outro. Você pode decidir o que, para quem e quando falar. Isso é um poder valioso que deve ser usado com sabedoria e de acordo com os seus propósitos. A estratégia de conhecer e ser conhecido consiste em conhecer o máximo que puder e deixar que seja conhecido sobre você apenas o que convém. A própria Bíblia diz que um tolo pode se passar por sábio se ficar calado.

3. **Use o seu tempo de maneira inteligente.** A vida é constituída de tempo. Ele é a matéria-prima da vida, então, quem usa o tempo com inteligência, consegue ter uma vida extraordinária; quem não o usa com inteligência, perde tempo com futilidades. O tempo é um recurso limitado, não renovável e finito. A própria noção de tempo é um paradoxo, pois você pode administrar a si mesmo em relação ao tempo; não pode decidir se vai gastá-lo, somente como vai gastá-lo. Uma vez desperdiçado, ele terá passado e não poderá ser substituído. O tempo é a matéria básica do universo, da vida. A maioria das pessoas não percebe que está desperdiçando grande quantidade dessa matéria insubstituível. Preste atenção no uso do tempo, pois provavelmente é o fator mais importante na administração de si mesmo, de seu trabalho e até mesmo do trabalho dos outros.

4. **Aprenda a aceitar os erros e assumir as responsabilidades.** Admita que você está errado. Em geral, estamos mais errados

do que certos, então as pessoas que sabem admitir que estão erradas e corrigem a rota são as pessoas que realmente têm grande chance de sucesso, não persistem naquilo que está errado. O reconhecimento dos nossos erros nos possibilita a superação, pois nos ajudam a nos tornar pessoas resilientes, nos recuperando e aprendendo com os erros. Toda a evolução humana se deu aprendendo com os erros e evitando repeti-los.

5. **Não exagere nas ações e reações**. Não crie tempestade em copo d'água. Você deve ter percebido o grande número de pessoas que procura chamar a atenção, exagerando nos acontecimentos. Criam verdadeiros monstros para cada situação-problema, passando a impressão de que são insuperáveis. Isso enfraquece a pessoa e afasta os outros dela, pois ninguém quer permanecer ao lado de pessoas que estão sempre envoltas por problemas catastróficos. Chegue ao topo de uma forma ávida. Para ser um grande líder, você não pode criar tempestades; pelo contrário, você tem de acalmá-las, ser um pacificador. Você deve deixar como marca o fato de que onde você chegar, você irá pacificar, procurar ajudar e criar um ambiente positivo.

Devemos ser exemplos para atrair as pessoas pelo poder que exercemos. Vamos observar a seguinte situação:

"Certo dia, um ônibus que seguia viagem por uma estrada ruim, debaixo de muita chuva, atolou em meio à lama. Na ocasião, havia cerca de setenta passageiros e após fracassadas tentativas de sair do local, o motorista já não sabia mais o que fazer. Um grupo de três pessoas desceu para empurrar o ônibus enquanto o motorista manobrava o veículo. Acontece que o ônibus já é pesado e, lotado daquela forma, nem se mexeu, mas ainda assim aquelas três pessoas continuavam na chuva e na lama empurrando o ônibus.

Diante disso, um segundo grupo de cinco pessoas se solidarizou e se juntou ao primeiro. Com essa atitude, um terceiro grupo de dez pessoas também resolveu ajudar e aí sim, com os três grupos de pessoas empurrando, o ônibus desatolou."

Ônibus em estrada com lama.

Moral da história: nesse ônibus, podemos constatar que existiam pessoas de classe A, B, C e D. As pessoas de classe A eram os líderes, os autênticos que tomaram a iniciativa de empurrar o ônibus. As pessoas de classe B eram aquelas influenciadas pela classe A, o segundo grupo que foi adiante. As pessoas de classe C eram as que estavam na dúvida, mas foram influenciadas pelas classes A e B, e acabaram criando coragem para ir ajudar os demais.

Mas, as pessoas de classe D eram o tipo que não devemos estar perto porque, se analisarmos o exemplo, elas ficaram no ônibus fazendo peso e, se duvidar, ainda dificultaram a vida de quem estava lá fora tentando resolver o problema. Devemos vencer as diferentes situações da vida com atitude, são elas que arrastam outras pessoas, pois as palavras apenas as movem.

1.3 POR QUE ALGUMAS PESSOAS SE DESTACAM MAIS QUE OUTRAS?

A partir dos exemplos, podemos constatar que sempre estamos exercendo uma transformação sobre alguém, em um determinado momento da vida. Mas, a pergunta para a qual devemos buscar resposta é justamente a que nos leva aos segredos:

Por que algumas pessoas se destacam mais que outras?

Devemos evitar os infelizes, eles contagiam. Se tentarmos ensinar algo bom para alguém que, porventura, não nos der atenção, precisamos seguir em frente e não insistir. Existem muitas pessoas nesse mundo querendo ouvir um bom conselho, uma boa orientação para crescer na vida. Então, devemos focar nessas pessoas.

Temos que proporcionar conhecimento e crescimento às pessoas que nos cercam, mas de forma autônoma para que possam trilhar seu próprio caminho, sem uma dependência direta de nós. Assim, proporcionamos dicas e orientações valiosas que permitem que as outras pessoas possam, assim como nós, disseminar conhecimento e oferecer ajuda.

Falando em ajuda, a maneira certa para solicitá-la é apelar ao interesse pessoal do outro e não à misericórdia ou gratidão. Se queremos pedir ajuda para alguém poderoso, primeiro devemos oferecer um presente, algo que possamos fazer pela pessoa, gerando abertura para dar o próximo passo. Lembre-se, primeiro oferecer e depois solicitar.

Use a ausência para aumentar o respeito e a honra. Para que seja possível aumentarmos nosso poder, não devemos estar disponíveis o tempo todo. Aqui vale uma reflexão sobre escassez, se analisarmos por que a Copa do Mundo ocorre de quatro em quatro anos, vamos ver que a euforia só existe pelo espaço de tempo entre um evento e outro. Nesse caso, a escassez gera o glamour.

É preciso saber com quem estamos lidando para não proferirmos ofensas. Por isso, devemos ter cuidado no momento de nos relacionar. Uma declaração errada no momento errado pode complicar muito a nossa vida.

Ser ingênuo para conquistar o ingênuo; essa ideia inclusive é mais uma das quais podemos encontrar na Bíblia: "eu me faço de sábio para ganhar o sábio e de tolo para ganhar o tolo" (1 Coríntios 9:22). É necessário adaptar esse ensinamento a diferentes situações. Por exemplo: se quisermos estabelecer contato com uma criança, devemos agir como ela, brincando e ganhando confiança a partir da sua realidade. A isso damos o nome de *rapport*, que significa criar uma relação, desenvolver sinergia com quem se deseja conectar, interagir e trocar informações.

Devemos usar a tática da rendição, transformando fraqueza em poder. Muitas vezes, quando demonstramos ser uma pessoa simples, humilde e até dependente do outro, geramos sentimento de solidariedade e afinidade, o que proporciona maiores possibilidades de construir algo juntos.

Concentre a força, tenha foco. Isso é fundamental para quem deseja transformação ao desempenhar atividades pessoais e profissionais. Afinal de contas, a natureza nos mostra que o único animal que nada, voa e anda é o pato, entretanto, ele não desempenha nenhuma das três habilidades com maestria. Em um mundo com tantas possibilidades e opções, é necessário que tenhamos foco.

Representar o cortesão de forma perfeita, ser alguém cortês, que sempre está à disposição para falar boas palavras e evitar palavrões. O contrário é péssimo e soa mal para pessoas de alto nível.

Recrie-se, aprenda a aprender e a transitar se desenvolvendo de diferentes maneiras em todos os ambientes. Aliás, um caso interessante é a declaração de King Camp (1855-1932), então fundador da empresa Gillette que, segundo a *Forbes*, é uma das marcas mais valiosas do mundo. Ele disse: "a marca Gillette só conseguiu evoluir, porque as lâminas não ficaram paradas" (LUKAS, 2003), ou seja, tudo que permanece parado, cai no obscurantismo e não evolui.

Devemos manter as mãos limpas, isto é, ser pessoas éticas, honrando nossos impostos, realizando bons negócios e não agindo mal com nossos concorrentes. É necessário que a competitividade seja justa, a partir de princípios éticos. O mundo está cheio de empresas e negócios que perderam mercado por condutas antiéticas, passivas inclusive de ações previstas em lei como punições e apreensões.

É preciso que sejamos ousados, indo adiante, colocando em prática nossas qualidades, aquilo que fazemos bem e com alegria. Na mesma ideia do baú de tesouro no fundo do mar, não podemos deixar que a timidez esconda nossas aptidões na área pessoal e profissional.

Planeje suas ações desde o início, no momento em que as ideias são geradas; passando pelo meio, quando implementamos aquilo que foi vislumbrado; até o fim, ao realizarmos o acompanhamento e controle dos resultados do que almejamos. Quem quer ter poder, buscar evolução e crescimento, tem que, necessariamente, ter planejamento e controle de ações e objetivos.

Nossas conquistas devem parecer fáceis, mesmo que o processo tenha sido cansativo, desafiador e custoso. Para que sejamos bem-vistos e para que novas oportunidades surjam, as pessoas têm que perceber em nós energia, disposição, garra e boa aparência.

Aja como rei para ser tratado como rei. Nesse sentido é que se faz necessário o autoconhecimento e domínio sob nossas vontades, sermos rei de nós mesmos. Afinal, temos que aprender a controlar a nós mesmos para sermos capazes de controlar algo através da influência que podemos desenvolver.

Precisamos dominar a arte de saber o tempo certo das coisas; por exemplo, em nossas relações interpessoais, devemos saber falar com as pessoas e expressar nossas ideias no momento mais oportuno. Se a pessoa com a qual queremos nos comunicar não estiver no tempo certo para receber aquela palavra, não teremos êxito, e essa sensibilidade é fundamental.

Remova valor daquilo que não tem importância. Um exemplo são os *haters*, pessoas que fazem comentários de ódio na internet. É preciso ignorar essas críticas destrutivas. Se olharmos ao longo da história para verificarmos quem foram os grandes artistas e executores, não encontraremos marcas dos grandes críticos, eles terminam esquecidos.

Haters.

Crie espetáculos atraentes, pois ao realizarmos eventos, palestras e seminários, temos a possibilidade de mostrar ao mundo o nosso melhor. Além do mais, geramos oportunidade para quem também precisa e deseja participar de um espetáculo, no sentido de experienciar uma boa performance profissional e pessoal que agrega e contagia.

Poder

Pensar de forma independente e comportar-se convenientemente é bom, as pessoas adoram quem tem posicionamento. É só lembrarmos de Walter Mercado (1932-2019), dono da frase "ligue já". Ele ficou conhecido mundialmente por sua irreverência, opinião e posicionamento.

Apesar de falar sobre algo que já era tratado há muito tempo, o horóscopo, Walter Mercado desenvolveu uma proposta única e acabou criando autoridade a partir dela. Ele se tornou famoso em vários países e criou um poder enorme de influência, tanto sobre pessoas que o acompanhavam, quanto sobre aquelas que nem o conheciam.

Agite as águas para atrair os peixes. Essa analogia é semelhante à do vendedor de feira, que não grita, mas também não vende nada. Então, é preciso agitar, mexer, movimentar e chamar a atenção dos clientes de forma dinâmica, sensibilizando-se com a sua causa para criar relacionamento e, posteriormente, oportunidade.

Agitar as águas.

Tenha cautela com o que vem de graça. De fato, existem coisas maravilhosas que podem vir sem custo algum, entretanto, é necessário ter cuidado. Geralmente, são poucas. O que vale a pena, nós temos que pagar, pois existe um preço por trás da conquista, e não estamos falando de custo monetário, nem sempre é dinheiro, mas sim de esforço, dedicação e merecimento.

As maiores conquistas que já tivemos ou iremos ter em nossas vidas serão através destes tipos de custo, que nos exigem competência, resiliência e foco para seguir em busca do poder que desejamos. É através de noites mal dormidas e muita dificuldade que surgem resultados extraordinários. Neste sentido, precisamos compreender que o conhecimento não vem de graça.

É necessário não copiar, mas sim trilhar o nosso próprio caminho, ser original. Deus quando nos criou fez cada um de nós com uma qualidade especial. Dessa forma, somos autênticos por natureza e é por isso que podemos ser originais. Somos portadores de excelentes qualidades para entregar ao mundo, basta buscarmos aquilo que temos de melhor, aperfeiçoar e potencializar nossos dons, pois, nós já temos tudo que é necessário para ter sucesso, basta nos conhecermos.

É necessário descobrir o nosso dom, aquele que ninguém no mundo tem igual. Nós não somos feitos de forma seriada, somos seres únicos, possuidores de habilidades que ninguém mais tem. É por isso que conhecer a si próprio é fator fundamental na busca do poder.

São pouquíssimas pessoas que descobrem o seu dom, exatamente por não dedicarem tempo e esforço para conhecer a si próprio. Nesse mundo caótico onde a tecnologia nos impõe um ritmo acelerado, as pessoas não param para meditar e ouvir a si mesmo, ou para refletir e aceitar um *feedback* de quem mais as ama ou do criador, Deus.

Poder

Nenhum *coach* do mundo pode nos dar respostas como o Criador, isso porque Ele nos criou, Ele sabe, Ele conhece nossas habilidades, medos, frustrações e nosso coração. É Nele que podemos encontrar respostas extraordinárias acerca de nós mesmos, porque Ele é o fabricante, o dono da garantia e quem sabe de todas as coisas.

Devemos conquistar corações e mentes, pois o coração não é o depósito de nossos sentimentos, mas sim a nossa cabeça. Nosso cérebro é composto por dois hemisférios – o lado direito é o lado das emoções e o esquerdo é justamente o lado da razão, da lógica.

Ambos têm o mesmo tamanho, exatamente porque sua importância é semelhante. Embora faça mais sentido no nosso dia a dia que pelo menos noventa por cento seja decidido a partir da razão e apenas dez por cento na emoção, esses dez por cento têm tanta importância quanto os noventa da razão.

Lados do cérebro.

A emoção é o afeto, o amor e a felicidade; já a razão é importante para a condução do mundo, justamente porque existe uma lógica na qual a emoção pode nos atrapalhar no momento de fazer escolhas certas em meio a adversidades e situações que o mundo insiste em nos colocar.

Na construção do poder, nós temos que ter isso de forma clara para saber conquistar a mente e o coração das pessoas, a fim de que elas trabalhem conosco; por exemplo, pela razão de estar em um lugar sério, ético, de valores sólidos e também pelo propósito de construir de forma colaborativa algo que realmente faça a diferença na vida de outras pessoas.

1.3 PESSOAS COM PODER DELEGAM

Delegue e crie sinergia, pois quando delegamos algo, estamos dando a oportunidade para que pessoas desenvolvam seu intelecto e potencial. Delegar algo é nobre, isso porque se nós fizermos com as nossas mãos, certamente sairá cem por cento do jeito que esperamos e, se delegarmos, é provável que fique setenta por cento do que esperávamos.

O bom é inimigo do ótimo; as pessoas, na procura de fazer o ótimo, acabam não atingindo seus objetivos. Em linhas gerais, o bom é necessário para determinada atividade que desempenhamos, nem sempre precisa ser ótimo. Muitas vezes, em busca do cem por cento as pessoas centralizam coisas sem necessidade – devemos delegar atividades e gerar oportunidades.

Desarmar com doçura tem a ver com poder argumentativo. Não basta sabermos ganhar uma discussão ou utilizar bons argumentos. Existe um provérbio na Bíblia que contribui para esse entendimento: "as palavras duras incitam palavras duras, ao passo que as palavras doces trazem a paz" (Provérbios 15:1). Devemos combater o mal com o bem; responder grosserias com palavras doces é uma excelente forma de recebermos a paz.

Poder

"Certa vez um pai e seu filho foram até uma banca de jornal. Ao chegar lá, o jornaleiro parecia não estar num dia bom, jogou o jornal em cima da mesa e nem cumprimentou o pai do garoto, que pagou, agradeceu e desejou um excelente dia ao dono da banca. Mesmo assim, foi ignorado. O garoto perguntou ao pai: pai, eu não entendo, o senhor foi educado e gentil com aquele homem da banca, mesmo depois dele nos ignorar e nos tratar mal. O pai do garoto explicou: meu filho, eu não posso permitir que a insensibilidade dos outros mude meu jeito de ser, minha essência é ser educado independente dos outros."

Banca de jornal.

Nós devemos ser pessoas boas, independentemente de nos relacionarmos com pessoas que não sejam. Se estivermos no trânsito e, porventura, recebermos uma fechada ou até mesmo uma batida que possa nos causar prejuízo e o motorista sair bravo do carro, em busca de briga e ofensas, o comportamento dele não pode mudar o nosso jeito de ser. Devemos seguir serenos, assim o mundo pode estar desabando que manteremos nossa tranquilidade.

Quem gosta de ver o circo pegar fogo é justamente quem não tem comprometimento com o circo, é o palhaço que não quer trabalhar, é o malabarista que não quer apresentar. Mas, o dono, esse não quer que ele pegue fogo, assim como também não querem os profissionais que gostam, amam e têm comprometimento com o circo. Não podemos deixar que o comportamento dos outros nos domine, ou seja, devemos desarmar a grosseria com a doçura.

É preciso pregar a necessidade de mudança, mas nunca reformar demais em uma só vez. Evite mudanças drásticas, elas precisam ocorrer de forma gradual, já que as pessoas mudam gradualmente. Aprender a construir as coisas paulatinamente é uma virtude; por exemplo, se fôssemos correr uma maratona amanhã, certamente não teríamos tempo para nos preparar, seria necessário treino e evolução até chegarmos na condição ideal.

Nunca devemos parecer perfeitos demais, precisamos ser humanos, demonstrando nossas fragilidades e dificuldades. Quando externamos nossos fracassos, problemas, aflições e desafios diante da vida, passamos a impressão de naturalidade. Em geral, as pessoas gostam de quem reconhece suas próprias limitações, isso gera confiança.

Não devemos exceder o que foi planejado, é necessário saber parar na vitória. Um exemplo disso são os profissionais do esporte que se aposentaram na melhor fase de suas carreiras, como o Edson Arantes do Nascimento, o famoso Pelé. Ele parou no momento exato, encerrando sua carreira com chave de ouro, tanto que qualquer pessoa o reconhece.

Outro exemplo são empresários que, apesar de já terem uma condição financeira estável, muitas vezes donos de patrimônios bilionários, ainda trabalham quatorze horas por dia. É necessário balancear e se atentar ao planejado para parar na vitória. Financeiramente falando, é conveniente que se pare na abastança, que é justamente quando temos o suficiente para viver de dividendos.

Devemos ser pessoas que se relacionam bem umas com as outras, dispor de um temperamento afável que permita abertura a quem se relaciona conosco. Isso é fundamental para que possamos estabelecer relações interpessoais, criando caminhos que nos levam a parcerias e conectividades com outras pessoas afáveis, e isso nos resulta em poder.

Em geral, todos nós devemos considerar cinco itens em nossa vida para essa transformação. Primeiramente, fazer as coisas com amor. Tudo o que nos propormos a realizar, a colocar a mão na massa, devemos fazer com muito amor, desde as atividades mais simples e rotineiras até as mais complexas em nosso ambiente profissional e organizacional.

Podemos até pensar que não, mas o fato é que, em qualquer circunstância, sempre tem alguém nos olhando. Por onde passarmos é necessário darmos o nosso melhor, fazer com máxima excelência. Outro item a ser considerado é o sigilo; não devemos revelar tudo de nós para as pessoas, é preciso que sejamos reservados e falemos apenas o essencial.

O tempo é outro ponto fundamental. Devemos usá-lo de maneira inteligente, isso porque numa última análise, se pararmos para questionar do que é feita a vida, iremos notar que ela é feita de tempo. Utilizá-lo com inteligência nos proporciona uma vida extraordinária; já quem não faz isso, perde tempo com besteira.

Tempo.

Aprenda a aceitar os erros e suas respectivas responsabilidades. Em geral, nós estamos muito mais errados do que certos, sendo que as pessoas que sabem admitir seus erros e corrigem a rota, são de fato as pessoas de grande sucesso. Elas não insistem e não têm compromisso com o erro.

Não devemos criar tempestade em copo d'água para chegarmos ao topo e sermos grandes líderes. Devemos ser pacificadores para que, sempre que chegarmos em um local, sejamos capazes de ajudar as pessoas e criar um ambiente positivo e de harmonia.

Existem pelo menos três pontos que devem fazer parte da nossa vida quando buscamos desenvolver poder: administração, psicologia e leis. Administração é uma habilidade que todas as pessoas devem ter, pois é preciso administrar tempo, dinheiro, amizades e carreira. Enfim, todas as áreas da nossa vida.

Psicologia é a base do bom relacionamento, exatamente porque nenhum de nós vive sozinho, é necessário psicologia para lidar com crianças e adultos dos mais variados perfis. Devemos ainda entender de leis, conhecer as condições impostas em que estão resguardados nossos direitos, assim como nossos deveres.

O marketing pessoal tem a ver com nossa atitude, postura e comunicação. Nós precisamos ter atitudes positivas, uma postura correta, de respeito e adequada às pessoas. Conseguimos que isso flua nos diferentes relacionamentos interpessoais através do desenvolvimento da comunicação.

Ter bom senso passa a ser muito mais importante do que ter conhecimento extremo. Pessoas com bom senso geralmente sabem decidir de maneira simples. Nesta perspectiva, bom senso é mais importante que complexidade e sofisticação, que podem impressionar aos olhos, mas não apresentar o mesmo grau de resultado.

Poder

É necessário descobrir o botão verde das pessoas, todos nós temos algo que faz o coração bater mais forte e realmente pensar diferente. Descobrir esse botão e trabalhar com ele pode nos proporcionar excelentes resultados, inclusive no mercado de trabalho, como por exemplo ao gerir pessoas, criando planos empresariais alinhados com os planos pessoais de nossos colaboradores.

Botão verde.

Devemos buscar estar em boas companhias e bons ambientes. O poder está diretamente relacionado com os ambientes que frequentamos e com as pessoas que nos relacionamos, isso potencializa a transformação. E, para falarmos sobre a dica mais valiosa acerca do poder, devemos responder a seguinte pergunta: nós sabemos quem de fato somos?

Nós somos "minicriadores", criados para ter poder sobre todas as coisas da terra. O Criador, quando nos fez, disse o seguinte: "multiplicai-vos e dominai-vos toda criatura" (Gênesis 1:28). Então, neste sentido, nós temos todo o poder aqui na Terra para viver uma vida de excelência, porque nós somos feitos à imagem e semelhança do Criador.

Nós temos todo o poder do mundo para realizar nossos sonhos, foi o homem que criou o avião, os automóveis e tantas outras coisas. Mas, é necessário entender algo fundamental, Deus não nos deu o automóvel, mas as rochas para que pudéssemos extrair a bauxita e os demais minérios para então, fazer o carro. Deus não nos deu uma mesa, Ele nos concedeu a árvore para que pudéssemos cortar, trabalhar a madeira e fazer a mesa. Portanto, é sob essa perspectiva que nós temos todas as matérias-primas e condições necessárias para exercer o poder, fazendo desse mundo um lugar melhor.

02

HÁBITOS PODEROSOS

A maior parte das coisas que fazemos está relacionada com nossos hábitos. Então, é correto afirmar que bons hábitos levam a bons resultados. Isso nos chama a atenção a um dado interessante: observe que pessoas com um bom nível educacional são aquelas que aprendem e se habituam a fazer coisas com qualidade e com mais eficiência; portanto, concluem seus assuntos e tarefas de forma mais satisfatória em relação ao indivíduo com uma educação precária.

As pessoas que não conseguem o equilíbrio financeiro geralmente mantêm maus hábitos de consumo. Elas não conseguem criar sua reserva financeira, mais por conta do mau hábito de consumo do que pelo fato de não poupar. O consumo inteligente gera satisfação e retorno para as pessoas. O conhecimento e a compreensão de como e por que consumir gera bons hábitos de consumo, que por sua vez resultam em conquistas de bens e serviços realmente necessários. Podemos citar vários hábitos poderosos que transformam e asseguram uma qualidade de vida surpreendente.

O hábito da leitura, além de nutrir nossa mente com conhecimentos e informações, produz resultados fantásticos na forma que utilizamos os vocabulários e nos comunicamos com as outras pessoas. Esse hábito acelera nosso raciocínio e nos ajuda a discernir com sabedoria. Observe como é sedutor ouvir uma pessoa que tem o hábito da leitura falar – ela é coerente, interessante e conclusiva em sua fala. Outra observação interessante é que por vezes nos deparamos com pessoas com pouca instrução que desenvolvem o hábito da leitura diária da Bíblia para atender sua necessidade de fé e que, além do enriquecimento espiritual, se deparam com a melhoria na escrita, na fala e na argumentação, graças ao hábito da leitura.

É de conhecimento de todos que as mulheres conseguem viver melhor e mais que os homens. Isso ocorre porque elas têm o hábito de visitar o médico regularmente, de fazer exames de rotina e de se atentar aos sinais de mudança em sua saúde. Sabe-se também que os hábitos alimentares determinam como está nossa saúde e nossa forma física. Mas mesmo sabendo que maus hábitos alimentares prejudicam nossa saúde, temos dificuldade em mudá-los. Isso ocorre porque um hábito se torna rotineiro, pois nosso cérebro está sempre buscando o menor esforço e fazer o que parece ser mais fácil. Por isso, a compreensão do verdadeiro valor das coisas ajuda a entender a necessidade de bons hábitos. Compreender que uma boa alimentação consiste em quantidade e qualidade certa. Que a boa saúde, além dos aspectos genéticos, é resultado de bons hábitos de prevenção e de cuidado com o corpo, a mente e o espírito.

A organização e o planejamento também se tornam hábitos em nossas vidas. O que é o treinamento senão habituar um profissional a realizar de forma correta uma tarefa? E o bom hábito de acordar cedo para ir ao trabalho? Ou o hábito de fazer algo bem-feito? Estudar e compreender um processo de produção e buscar a melhoria contínua são hábitos da qualidade. Utilizamos muitos sinônimos de hábito em nossa vida profissional, tais como: costume, norma, convenção, prática, regra e rotina. Independentemente do termo utilizado, todos fazem parte dos estudos para a melhoria da produção ou dos serviços. O planejamento, quando se torna uma rotina para tudo o que fazemos, nos traz resultados maravilhosos – clareza de ideias, quantificação de tarefas, distribuição de metas, objetivos claros, prazo e a visão verdadeira quanto à viabilidade de realização dos nossos projetos. O primeiro passo é organizar as coisas mais importantes em sua vida por categorias, por exemplo: família, trabalho, estudo, aquisição da casa, reserva financeira etc. O segundo passo é classificar essas categorias por prioridades, colocando em ordem – do mais importante para o menos importante. E o terceiro passo é construir um planejamento para cada categoria e colocá-lo em prática. Esse é um exemplo de como o hábito de organizar e planejar é importante. É claro que você precisa aprofundar a organização e o planejamento com as ferramentas e técnicas existentes. Mas saber que esse hábito é fundamental para a sua vida já é um grande passo para tornar seus projetos possíveis.

Quanto tratamos de projetos de vida devemos sonhar grandemente. Somos imagem e semelhança do Criador, e isso nos proporciona a habilidade de transformar e criar coisas valiosas para esse mundo. Como já dito, somos "minicriadores", pois Deus criou o mundo e nos permitiu ter capacidade de transformar e construir coisas, como avião, carro e tantas outras ideias extraordinárias desenvolvidas pelos seres humanos.

Então, quando falamos de hábitos poderosos, devemos necessariamente considerar o foco e a determinação como fatores primordiais. Não é fácil ter foco em um planejamento, um objetivo desejado. Mas, com princípios bem definidos, nossas ações são alinhadas em direção ao que realmente importa, sem distrações ou algo que roube nossos esforços. Isso nos garante novas formas de realização.

Segredos do Poder

Mirar alto.

Ou seja, não podemos perder o foco a partir do momento em que determinamos valores e princípios para nortearem nossos hábitos em busca de crescimento pessoal e profissional. Podemos aplicar isso tanto com nossa família quanto no mercado corporativo, buscando resultados extraordinários em nossa performance profissional.

Afinal, o planejamento e a definição de metas andam juntos. É importantíssimo planejar; devemos aprender observando, como fazem os engenheiros civis. Antes de qualquer ação, eles planejam os pormenores acerca do prédio que desejam construir e, após todas as metas definidas, começam a colocar o plano em prática.

A engenharia nos faz olhar para os detalhes do planejamento e definição de metas, justamente por se tratar de uma área que exige precisão, ainda mais quando falamos da construção de um prédio. Assim, é relevante considerar a definição de metas ao planejarmos os pontos que desejamos atingir para obtermos um resultado satisfatório.

Desenvolver autoconhecimento é desafiador, mas, em contrapartida, nos traz resultados extraordinários. O desafio está em aprender a aprender; para isso, precisamos quebrar paradigmas e estar abertos ao novo, àquilo que funciona com outras pessoas. A sensibilidade de não julgar com preconceito o que nos cerca, nos permite ter um olhar mais profundo para conhecer o que serve ou não para nós.

Só conseguimos ter esse filtro justamente quando ocorre a quebra de toda possibilidade de preconceito acerca dos diferentes temas da vida. Isso nos leva a algo predominante, à chance de reconhecermos erros e falhas em nossos hábitos, porque se o jeito que estamos fazendo fosse suficiente, estaríamos melhor do que estamos agora. É mirando alto, olhando para frente em busca dessa evolução que devemos trabalhar.

Para adquirirmos sabedoria, é necessário aprender com a experiência de outras pessoas. Elas aprendem e depois passam a nos ensinar, como verdadeiros mestres, criando uma cadeia de autovalor. É por essas e outras que devemos nos cercar de pessoas boas, criar e desenvolver relacionamentos sólidos. Isso servirá de alavanca para melhorarmos nossos hábitos.

Adquirindo sabedoria.

Nessa cadeia de valor, podemos nos deparar com diferentes fontes de conhecimento. Como dito anteriormente, estarmos abertos para aprender a aprender nos possibilitará olhar cada ponto de vista com cautela e observar toda experiência que possa somar em nossas vidas, de acordo com os princípios definidos no planejamento dos nossos objetivos.

A liderança que ocorre pelo exemplo é de fato a mais eficiente, porque exemplos causam uma influência maior nas pessoas a nossa volta. É necessário compreender que atitudes são muito mais poderosas que palavras, pois são elas que nos movem. É por isso que devemos nos tornar exemplo e referência naquilo que desempenhamos como pessoa e profissional.

O fato de que as palavras convencem, mas os exemplos arrastam é muito conveniente ao refletirmos sobre a necessidade de mostrarmos resultados positivos vislumbrando ganho coletivo e proporcionando a aprendizagem dos demais. O compartilhamento de ideias é o que nos torna gentis e companheiros uns dos outros nessa busca por hábitos poderosos que podem transformar nossas vidas.

Como verdadeiros embaixadores do que acreditamos na nossa cultura, devemos promover nossas crenças e objetivos por todos os lugares que passarmos, em busca de contagiar as pessoas para o bem. Somente com atitudes que engrandeçam e corroborem com o que declaramos em palavras, passamos a ter credibilidade.

Agora, imagine por um momento uma situação catastrófica, onde as maiores potências do mundo entram em conflito militar e passam a conquistar o território alheio, através de bombardeios, ataques militares e civil, destruindo tudo o que encontram pela frente.

Lamentável, não é mesmo?

Pense no resultado da Segunda Guerra Mundial para a população que precisava continuar a viver, trabalhando e gerando recursos em diferentes áreas. Em especial no Japão, um país com aproximadamente 377 mil km^2 e, na época, com pouco mais de 70 milhões de habitantes. Os japoneses se viram numa situação difícil para retomar a vida cotidiana (GUEDES, 2011).

E não estamos falando de números relacionados ao Produto Interno Bruto (PIB) ou de se tornar uma economia pujante, estamos nos referindo à sobrevivência, a poder levantar de manhã e ter um lugar para ir trabalhar e buscar o sustento da família.

É por essas e outras que no Japão existe a palavra *gemba*, que significa "onde as coisas realmente acontecem" (BLOG, 2019). Nas indústrias, é utilizada geralmente para representar o chão de fábrica, pois é justamente lá que está a mão na massa e onde os líderes também devem transitar, gerindo, desenvolvendo e acompanhando a equipe através do exemplo, como um verdadeiro hábito poderoso e natural.

Então, para quem é empresário ou empreendedor, esse ensinamento japonês deve ser considerado em grande medida. A palavra *gemba* oferece uma filosofia de gestão que preza pela ajuda mútua que, para o dono de negócios, significa poder contar com uma equipe complementar em direção ao sucesso.

Falar sobre fatores históricos, assim como as origens japonesas, nos traz conhecimentos valiosos. Vamos agora conhecer a história do rei Salomão, um conto bíblico que consta em 1 Reis, que nos traz aprendizados aplicáveis não só à vida pessoal, mas a nossos projetos profissionais, nos direcionando a ter melhores hábitos.

A maioria das pessoas já deve ter ouvido falar de passagens protagonizadas pelo rei Salomão, mas é possível que não tenha tomado o cuidado de analisar a visão e gestão por trás de suas ações, que nos ensinam muito sobre resolver problemas e superar dificuldades.

Essa sensibilidade de olhar além do que parece à primeira vista, de buscar aprender a aprender, é que nos permite ver as coisas de forma inédita, observando o que podemos assimilar com a história que nos é apresentada.

Alguns pormenores da história de sucesso de Salomão demonstram claramente que seu reinado foi, sem nenhum exagero, extraordinário. Ele esteve aproximadamente quarenta anos no poder, com resultados nunca vistos antes.

Salomão foi quem construiu um templo em Israel. Nós vamos falar sobre o modo que realizava suas atividades e seus hábitos de poder, que impactaram o mundo e são reconhecidos como grandes feitos por qualquer pessoa que tome conhecimento de sua história.

Independentemente de estarmos ligados a alguma religião ou crença, estamos falando de um ser humano como nós, que enfrentou dificuldades e necessidades semelhantes às nossas. Então, ainda que tenhamos vivido em épocas diferentes e que estejamos diante de um registro bíblico, é necessário nos atentarmos ao fato de que ele era um ser humano e realizou coisas extraordinárias, como diplomata e no comércio, assim como nós também podemos realizar.

Essa análise nos oferece muitos ensinamentos para os dias atuais; apesar de estarmos falando de fatos que ocorreram há mais de dois mil anos, são feitos que nos proporcionam aprendizados para obter crescimento, prosperidade, felicidade e resultados satisfatórios em nossas vidas. São dicas que podem facilmente ser adotadas em pleno século XXI.

Existiu nos Estados Unidos da América (EUA) um homem de fé, o evangelista Billy Graham (1918-2018), que foi um grande pastor e pregador, levando a palavra de Deus para cerca de 250 milhões de pessoas em mais de 150 países, sem contar que ele aconselhou a maioria dos presidentes americanos com seu direcionamento de fé e honra.

Multidão em culto ao ar livre.

Billy foi um dos pastores evangélicos mais populares nos anos 1940 até 1970. Ele foi capaz de se conectar e criar relacionamentos com várias pessoas, e isso não apenas nos EUA, mas onde houvesse alguém disposto a ouvir a palavra do Senhor.

Segundo a associação que leva seu nome, Billy evangelizou mais de 3 milhões de pessoas em ao menos 185 países, nos eventos chamados "cruzadas", em que passava horas pregando a palavra do Senhor, muitas vezes em áreas abertas.

Certa vez, perguntaram ao evangelista se ele não tinha vontade de ser presidente um dia, em virtude de sua sabedoria e aconselhamento oferecido a tantos presidentes e políticos da alta cúpula da política americana. Billy respondeu: — Por que você quer me reduzir de cargo?

Com a resposta, ele demonstrou que um pastor, homem de fé e evangelista, ocupa uma posição muito mais importante que a de um presidente. Isso porque ele compreendia que trabalhava com o reino eterno de Deus, Pai e Criador de todas as coisas.

Isso nos mostra que um homem de fé carrega em sua vida hábitos poderosos. Certamente, Billy conhecia com propriedade a história de Salomão e aplicava com maestria suas metodologias. É por essas e outras que precisamos olhar com atenção todos os ensinamentos acerca dos pontos que iremos abordar e refletir.

Devemos aprender a construir essas práticas em nosso dia a dia, através da dedicação e perseverança que nos move em direção ao crescimento intelectual, e da compreensão de que os hábitos direcionam a nossa vida, determinando em grande medida o sucesso dos nossos planos, anseios e vontades, seja na vida pessoal ou profissional.

2.1 COMO CONSTRUIR HÁBITOS PODEROSOS

O ser humano é uma criatura feita de hábitos, são eles que definem quem somos e qual será o nosso futuro. A cada dia, temos que planejar nossas atividades para que elas realmente gerem resultados positivos em nossa vida. Existem hábitos maléficos como, por exemplo, o tabagismo, que levam a problemas de saúde e também a outros hábitos ruins.

O grande segredo é trocar os hábitos ruins pelos bons, como realizar atividade física, ler e meditar diariamente. Hábitos como esses nos conduzem a alcançar grandes resultados em nossa vida.

Nessa perspectiva, fica evidente que estamos diante de algo fundamental quando falamos de verificar e melhorar a forma que realizamos as coisas em nosso dia a dia. Muitas vezes, desempenhamos nossos hábitos sem nos atentarmos para a direção que eles estão nos conduzindo.

Precisamos voltar nossa mente para coisas boas, isso porque o mundo está cheio delas. Um exemplo é quando olhamos para baixo e só conseguimos ver o chão. Mas, quando olhamos para cima, conseguimos ver o céu, o horizonte e as infinitas possibilidades. Levantemos, então, a cabeça em direção ao futuro e às boas oportunidades.

Aqui, parece estarmos diante de algo menos importante, o simples fato de como olhar e para onde olhar. Mas, tenha cautela – é nos detalhes que moram os mais valiosos segredos do hábito. Ao olharmos sempre para baixo, limitamos nosso campo de visão, o que passa a ser significativo para compreendermos a real interferência desse hábito em um relacionamento interpessoal. Por exemplo, quando uma pessoa age assim, muitas vezes ela tem um perfil introvertido.

Segundo levantamento da revista *Forbes* (CAI, 2021), hoje o homem mais rico do mundo é Jeff Bezos. Ele se formou em engenharia elétrica e informática, pela Universidade de Princeton, em 1986. Depois, foi trabalhar na tão conhecida Wall Street, em Nova Iorque, considerada o covil dos lobos empreendedores.

Em 1994, ele criou o que viria se tornar um *e-commerce* sem precedentes e se tornou CEO – sigla em inglês para presidente ou diretor executivo – da Amazon. Seu patrimônio ultrapassa os 113 bilhões de dólares, uma verdadeira fortuna em qualquer moeda.

Centro de logística da Amazon na Polônia.

Para termos uma ideia de proporção e magnitude de quem foi Salomão na história do mundo, se sua riqueza fosse contabilizada nos dias de hoje, seria pelo menos vinte vezes maior que a fortuna de Jeff Bezos. Então, se imaginarmos essa proporção e verificarmos que a situação de Jeff já nos parece um enorme feito, fica evidente que o caminho trilhado por Salomão tem muito mais a nos ensinar.

Vamos compreender o que Salomão fez para se tornar alguém tão sábio e chegar a uma fortuna tão grande para o seu tempo. Pessoas do mundo todo, inclusive reis, mandavam mensageiros para ouvir o que ele tinha a dizer e ensinar. A rainha de Sabá enviou seu emissário e, depois, quando foi visitar o rei pessoalmente, constatou que o que havia ouvido sobre o reino de Salomão, não era nada perto do que ela contemplava com os próprios olhos.

O rei Salomão de fato tinha uma sabedoria incrível. Sua história começa com a de seu pai, o rei Davi, que também é muito conhecido entre os fatos mais marcantes dos ensinos religiosos. Salomão foi o terceiro rei de Israel e cresceu ao lado do pai, um grande filosofo e sábio da época, além de ter sido um grande guerreiro.

Davi foi um guerreiro, profeta e rei do povo de Israel, reinando durante quarenta anos, entre 1006 e 966 a.C. Ele conseguiu lançar as bases para a formação de um verdadeiro Estado Hebraico e, além de tudo, possuía um incrível talento musical. Davi adorava a Deus com perfeição, isso é muito notório nos salmos que encontramos de sua autoria.

A Bíblia diz que Davi era o segundo coração de Deus, devido à intimidade que tinha com Ele. E Salomão cresceu vendo tudo aquilo. Olhando para a trajetória de seu pai, verificou que ele também cometeu erros, mas tinha um coração contrito, com uma relação muito boa com Deus.

Salomão teve uma situação difícil em casa, onde ocorreu até estupro de irmãos, algo extremamente pesado de se lidar. Em meio a esse cenário, herdou o reino de Israel, quando quem deveria ter herdado era o seu irmão. Entretanto, o irmão apresentava hábitos nada agradáveis, pois tinha desvios de comportamento, tentando inclusive dar um golpe de Estado em Salomão.

Esses fatos não podem passar despercebidos em nossa reflexão, porque compreender o cenário em que viveu o rei Salomão e verificar as dificuldades que ele suportou e venceu é justamente o que nos mostra o mérito em suas conquistas pessoais. O preço das coisas nem sempre tem relação com dinheiro, mas sim com a capacidade de desenvolver hábitos que nos guiem pelo melhor caminho, o do sucesso.

Quando assumiu o reinado de Israel, Salomão pediu a Deus, em sonho, que lhe desse sabedoria para governar o povo. Perceba que Salomão não pediu riquezas e nem que seus inimigos fossem destruídos. Deus, vendo que Salomão não pediu algo para fim próprio, mas sim para o povo o qual ele queria ajudar, reconheceu nele um bom coração.

É necessário lembrar que Salomão era um homem comum, sujeito a todas as fraquezas e anseios os quais nós também estamos sujeitos. Ele poderia, diante de tais dificuldades vividas, ter pedido a Deus que lhe desse poder, que lhe permitisse o extermínio de seus inimigos. Porém, isso não fazia parte dele, Salomão era um homem de bons hábitos o que nos leva a olhar com sensibilidade para sua história.

Aqui, temos acesso a uma chave dos hábitos poderosos: se quisermos obter grandes resultados em nossas vidas, devemos sempre pedir a Deus algo que contribua com outras pessoas e não apenas para nós, com fins individuais. Quando passamos a pensar nos outros, no coletivo e na solidariedade, muitas portas podem se abrir em nossas vidas.

Deus concedeu a Salomão mais sabedoria do que a qualquer outro homem que já viveu e viverá nessa terra, exceto Jesus Cristo que se fez homem e passou pela Terra em seu ministério. O rei Salomão foi o mais sábio, pois Deus concedeu a ele sabedoria sem igual, assim como, riquezas e honras. Não haverá outra pessoa com superior sabedoria no mundo.

A palavra de Deus é muito clara quando afirma essa singularidade acerca da sabedoria concedida a Salomão. Nesse sentido, é preciso reconhecer que não estamos apenas olhando para fatores históricos a fim de tirarmos alguma referência, mas para a história do homem mais sábio do mundo. Não é sem razão que olharemos essa passagem ponto a ponto.

Existem algumas histórias emblemáticas da Bíblia, que nos trazem vários conhecimentos sobre os hábitos de Salomão e nos ensinam muito. Estamos falando de aprendizados que podem perfeitamente ser aplicados no mundo dos negócios e na vida pessoal, pois são hábitos e condutas que nos levam à sabedoria.

Também podemos encontrar histórias de falhas de Salomão, pois ele era um ser humano e não tinha poderes especiais. A mesma dificuldade de viver que ele tinha, salvo as devidas proporções de seu tempo para o nosso, nós temos também. Entretanto, Salomão não tinha compromisso com o erro, ele tinha compromisso com Deus.

Em uma dessas histórias, tem uma que ficou conhecida como "o julgamento de Salomão", em que duas mulheres alegavam a maternidade de uma criança e queriam a guarda para si. Foi uma discussão longa, pois naquela época não havia tecnologias que provassem de quem era o filho.

Diante disso, Salomão encontra a melhor forma de revelar o verdadeiro sentimento pela criança por parte das mulheres

Representação do julgamento de Salomão.

que lá estavam, ordenando cortar o bebê ao meio para que cada mulher ficasse com uma parte. A mãe falsa chegou a concordar com tal proposta e a verdadeira preferiu deixar o filho com sua rival a vê-lo morrer. Salomão então identifica quem é a mãe através do verdadeiro afeto, o amor por um filho.

Salomão, além de ter apresentado soluções geniais para resolver dificuldades, também foi um grande escritor bíblico que inspirou gerações com seus ensinamentos, inclusive com seus erros. O mais interessante é que, no final da vida, ele declarou que, de tudo que viveu e viu, o mais importante foi temer ao Senhor e obedecer aos seus mandamentos.

Em seus ensinamentos, Salomão adverte uma coisa curiosa, que envolve diretamente a questão dos hábitos: ele dizia que ler demais cansa a mente. É preciso ter cuidado para compreender o sábio e verificar que ele se referia aos excessos, ele fala sobre equilíbrio de nossas ações. Tudo com equilíbrio passa a ser adequado, ou seja, tudo que é demais passa a não ter muita assertividade. É preciso ler, aplicar e testar.

Aliás, outros filósofos fizeram afirmações nesse sentido, sobre a teoria em excesso. Nós já falamos sobre a sabedoria ser a soma de conhecimento e experiência, ou seja, nem só conhecimento e nem só vivência, mas sim a união das duas fontes de aprendizado é capaz de proporcionar crescimento.

Vamos olhar para a história de Salomão em duas partes; apesar de se tratar do mesmo rei, elas nos revelam ensinamentos diferentes. A primeira será vista de uma maneira macro, observando pelo menos sete itens que merecem atenção absoluta, sendo que em um deles nós desdobraremos outros itens de grande relevância para os hábitos poderosos.

Ao desdobrarmos, iremos compreender mais claramente o quanto de informação pode estar contida em apenas um ensinamento, uma ocasião, um hábito. Exatamente porque quando olharmos detalhadamente, problematizando as variáveis e verificando as soluções que Salomão encontrou, será possível obtermos mais informações acerca do hábito poderoso que pode mudar nossas vidas.

Nessa visão macro, nesse olhar geral e holístico, vamos verificar como Salomão conduzia tudo isso que a história nos mostra ser, a maior das fortunas já conquistadas na Terra. Em um ponto específico, vamos falar sobre comportamento e discernimento, desdobrando para a operacionalidade dos hábitos para nossa vida pessoal e profissional.

Não podemos falar da história do rei mais sábio da história sem abordar o tema sabedoria, que no caso de Salomão estava relacionada a enxergar com os olhos de Deus. É como se Ele emprestasse seus olhos a Salomão e tudo ficasse claro e evidente, isto é, a sabedoria que vem dos céus, de Deus.

Por isso, só consegue desenvolver sabedoria quem pede ao Senhor os seus olhos. Se não enxergarmos as coisas a partir da perspectiva de Deus, não é possível ter sabedoria. É preciso refletirmos sobre a palavra Dele e obedecermos seus ensinamentos e mandamentos.

Nós, seres humanos, somos sujeitos ao erro, ao vício e à influência. Essa influência pode colocar uma espécie de sonda em nossa visão e muitas vezes não nos permite enxergar o que de fato é a realidade. Ou seja, a visão a partir de Deus é exatamente a ausência de qualquer vulnerabilidade que possa existir em nossa forma de ver e encarar as coisas.

Se consultarmos o dicionário acerca de sabedoria, veremos que é a junção de conhecimento e experiência, é o acúmulo de uma série de informações sobre determinado assunto (MICHAELIS, 2021). Outros trazem a conotação de sabedoria ser a capacidade de discernir entre coisas e pessoas. Mas, na Bíblia, sabedoria é enxergar as coisas com os olhos de Deus.

Salomão disse em determinado momento que sabedoria vale muito mais do que prata e ouro. Ou seja, que devemos dar tudo o que temos para conquistá-la. Assim, identificamos pelo menos sete pontos que merecem nossa atenção para a compreensão, conhecimento e transformação de nossos hábitos.

É como se fosse possível comprarmos a sabedoria, esse comparativo que Salomão propõe é que em vez de nos dedicarmos a correr incessantemente atrás de riquezas como prata e ouro, deveríamos trocar nossos esforços para obter aquilo que ninguém nos tira, o que pode nos elevar a outro nível de percepção da vida e nos dar muito mais alegria de viver por olhar o real e não o superficial.

2.2 RELAÇÕES PODEROSAS

São as relações poderosas que nos levam mais longe e, quando falamos de relações poderosas, estamos nos referindo a um ecossistema de alto desenvolvimento onde estão as pessoas que trocamos ideias e nos relacionamos pessoal e profissionalmente, muitas vezes em busca de ajuda ou de ajudar através de um afeto ou palavra amiga.

Existem pelo menos três fatores relevantes para mudar a vida de alguém. O primeiro é praticar a leitura, às vezes um livro leva muito tempo para ser escrito, passa por várias mãos para receber toques e ajustes, e quando nos colocamos a ler o material final, temos a oportunidade aprender tudo rapidamente.

O segundo ponto relevante que precisamos considerar em nossas atividades é produzir algum conteúdo autoral. Não estamos falando de nada científico, mas de escrevermos aquilo que acreditamos, que nos anima, que temos afinidade em alguma medida. Escrever é um processo intelectual que visa colocar as ideias no papel em direção a uma futura implementação.

Podemos começar com coisas simples, se porventura nunca nos dedicamos a escrever nada, eis aqui uma excelente oportunidade para colocar no papel o que nos motivou a buscar conhecimento, essa fonte de crescimento de nossa percepção da realidade acerca de nossas pequenas ações diárias que formam hábitos poderosos, sendo eles responsáveis tanto pelo caminho bom como pelo ruim.

Neste sentido, é preciso ter visão, uma habilidade muito importante. Não existem escolas que ensinam a ter visão, elas podem ensinar criatividade e oferecer conhecimentos diversos, mas não visão. Esta exige a busca em Deus.

Estamos falando sobre uma visão do que é ideal para nossa vida, o que requer sensibilidade para compreender o que Deus quer. Muitas vezes, não é o mesmo que nós queremos e é essa visão que devemos buscar desenvolver para compreender os planos de Deus para a nossa vida.

Por exemplo, quando declaramos "e seja feita a sua vontade" precisamos internalizar verdadeiramente essa declaração e compreender que a autoridade está n'Ele e será feita a vontade segundo o que Ele preparou. Entretanto, para que isso seja possível, devemos desenvolver maturidade em andar com Deus sob uma perspectiva clara da certeza dos planos de Deus serem o melhor para nós.

Salomão construiu um templo a partir de um projeto que demorou pelo menos sete anos, ou seja, ele tinha visão de longo prazo, não pensava pequeno. Ele buscou em Deus seu propósito na Terra e, por isso, obteve assertividade no que fazia, pois quando temos Deus guiando nossa vida, Ele sabe o que é melhor para nós, ele conhece o nosso coração.

Na Bíblia existe um trecho que diz assim: "todas as coisas cooperam para o bem daqueles que amam ao Senhor e seguem segundo seu propósito" (Romanos 18:28). Então, se procurarmos compreender o propósito de Deus em nossa vida e seguirmos em frente a partir dessa perspectiva, a visão d'Ele nos protegerá e nos direcionará. Essa é a primeira coisa que Salomão identifica em seus hábitos e práticas que o levou aonde chegou, reinando em um período de paz.

Salomão não desencadeou guerras e confrontos, pelo contrário, buscou de forma estratégica e inteligente prezar pela boa vizinhança. Esse hábito o concedeu muitas possibilidades e oportunidades como, por exemplo, a pura e simples ausência de confronto. Pode não parecer muito, mas a verdade é que um confronto com quem quer que fosse, poderia desprender muita dor de cabeça ao rei e atrapalhar seus objetivos e princípios.

Salomão era articulado, grande político e estadista, assim como estrategista em suas ações e planejamentos, visando o bem de todos em seu reinado. Diferentemente de seu pai, que enfrentou guerras constantes durante seu reinado, Salomão era um grande diplomata, com excelentes hábitos de bom relacionamento com os que o cercavam.

Em se tratando do mundo atual, complexo, incerto e veloz, com um nível de dinamismo onde as coisas mudam muito rápido, é preciso aplicar essa visão de futuro e perceber que ela nos permite não perder foco com coisas pequenas do dia a dia, tendo visão de longo prazo, para uma vida longa.

Aliás, aqui cabe uma reflexão proposta pelo autor Franklin Covey (1932-2012), mundialmente conhecido por seu livro "Os Sete Hábitos das Pessoas Altamente Eficazes". Sua obra nos convida a refletir sobre o que nós gostaríamos que as pessoas falassem de nós no dia de nossa partida.

Esse pensamento é interessante justamente para compreendermos se queremos fazer falta. Aliás, nossos hábitos oferecem sabor à vida de alguém ou atendem única e exclusivamente a nossos interesses? Se a segunda situação for a verdade, não faremos falta. Essa questão levantada por Franklin merece mais uma provocação:

E se nós não existíssemos, que falta faríamos?

A visão é exatamente aquilo que nós querermos construir na vida, o legado que almejamos deixar. E para o mundo dos negócios, isso se aplica à necessidade de desenvolvermos projetos a longo prazo. Se olharmos para os mais necessitados, para as pessoas em situação de rua, observamos que eles não pensam a longo prazo, pois a perspectiva deles é saber o que irão comer naquele momento, o quanto antes possível.

Olhando para a maioria das pessoas que realizam atividades e prestação de serviços em geral, elas trabalham para receber por hora, semana ou mês. Mas, se olharmos para os milionários, veremos que eles realizam planejamentos de longo prazo, para resultados de cinco anos para frente, ou seja, um olhar amplo que vislumbra maiores causas e rendimentos.

Administração do tempo para obter rendimentos.

Essa discrepância de visão a curto, médio e longo prazo precisa ser analisada sob a perspectiva clara de que em alguns casos o fator prejudicial inicial é a adoção da visão em tempo errado. Em outras situações, o ser humano pode estar condicionado a uma visão de curto prazo, por exemplo, por ser proveniente de família pobre ou muitas vezes já nascer em situação de rua.

O que fez Salomão ser o homem mais rico que já existiu na Terra é justamente essa visão de longo prazo que ele teve a oportunidade de desenvolver, que considera diferentes variáveis ao logo de um tempo maior. Ele tinha um sistema de gestão extraordinário, no qual cada província dele trazia mantimentos para um mês do ano, ele sabia escolher bem seus assessores e isso colaborava com a aplicação de sua visão.

Salomão tinha muito forte também em seus hábitos o senso de direção e conselhos práticos. Ele sabia exatamente o que fazer, por meio de um perfeito direcionamento de sua sabedoria. O rei oferecia muitos conselhos e orientações para as pessoas que o cercavam, o que significa que seus subordinados eram orientados com palavras que, certamente, dariam resultados positivos ao serem colocadas em prática.

Perceba que esse hábito entra como fator predominante quando falamos de gestão de pessoas, por exemplo. Ao gerir pessoas, temos que estar dispostos a administrar e resolver conflitos dos mais variados tipos. Salomão ao aconselhar seus servos e todos os que os cercavam cumpria um papel fundamental, que é o de dar suporte a sua equipe.

O terceiro ponto fundamental que Salomão tinha era a gestão das emoções, ou seja, inteligência emocional. Uma das coisas mais importantes para um líder hoje no mercado corporativo é saber lidar com as diferentes situações que nos desafiam a todo momento.

A maioria dos profissionais não apresenta inteligência emocional e, quando percebe isso, está tendo ataques de ansiedade com ações descontroladas e sem fundamentos, envolvendo-se em intrigas, conflitos e trapaças com o objetivo de eliminar algum oponente que cause pressão de alguma forma em sua atuação, elevando o nível e exigindo mais qualidade no processo.

Hábitos Poderosos

Inteligência emocional.

Aliás, para o profissional sem inteligência emocional, o caminho mais fácil no mundo dos negócios e no mercado de trabalho é justamente puxar os demais para baixo do que melhorar e subir o nível para acompanhar quem apresenta melhora. Isso porque é mais fácil prejudicar alguém do que ter inteligência emocional e ajudar a si mesmo com hábitos de poder no dia a dia.

Existem dias bons e dias ruins, mas é preciso ter sabedoria para realizar a gestão das emoções e lidar com essas questões sem nos desgastarmos demasiadamente. Existem situações, imprevistos e dificuldades que aparecem frequentemente nos relacionamentos; basta analisarmos com mais atenção e iremos perceber que a todo momento existem divergências de ideias.

Cada pessoa tem suas características, e nós temos que ter habilidade para lidar com elas, extraindo o que há de melhor. Lidar com pessoas não é tarefa fácil, nunca foi e hoje parece estar mais complexo ainda. Então, esse ensinamento de Salomão em realizar a gestão das emoções e ter inteligência emocional é muito pertinente.

Devemos ter proteção, desviar-nos do mal. Salomão tem vários ensinamentos em que explica que, tudo o que fizermos, devemos fazer na mais perfeita forma. Assim, há mais chances dos nossos feitos darem certo e apresentarem bons resultados, com estrutura suficiente para o crescimento e o sucesso.

Quase mil anos depois de Salomão ter dito tudo isso, o Senhor Jesus Cristo, em seu ministério na Terra, falou: "edificou a casa sobre a rocha" (Mateus 7:24).

Nesse caso, a rocha é a verdade, e Salomão tinha essa verdade muito clara – ele dizia que bastava pedir a Deus que nossos planos dariam certo. Ele tinha a perfeita consciência da importância de Deus referendar, por isso Salomão foi um manifesto à justiça. Na Bíblia, todos os capítulos do livro de provérbios são um manifesto a fazer o que é correto.

Esse detalhe da fundação da casa deve estar muito claro em nossa compreensão quanto à necessidade de criar raízes, de dar atenção ao que não aparece. Quando olhamos uma casa linda, grande e espaçosa, não vemos sua fundação, que fica debaixo da terra. Mas, é a parte invisível que permite à casa permanecer em pé.

Estamos falando sobre a justiça e o que é direito, porque se quisermos proteção, devemos praticar o que é de direito. Assim, estaremos bem com Deus e com as pessoas com as quais nos relacionamos na área pessoal e profissional. Existe até uma frase interessante que circula na internet, que diz que "a verdade existe, mas a mentira é fabricada".

Portanto, devemos trabalhar sempre com a verdade, pois ela nos protege de qualquer situação difícil da vida. Em um mundo com grandes problemas éticos e casos de corrupção, falar a verdade parece, muitas vezes, uma qualidade, quando deveria ser uma obrigação de todos.

Não podemos permitir que isso nos influencie para o mal, considerando-nos merecedores de louros simplesmente por fazer o que é ético. Um exemplo é o funcionário que pede aumento ao seu chefe sob o argumento de que ele nunca se atrasou para ir ao trabalho.

Como se isso fosse um feito extraordinário, já que a maioria se atrasa vez ou outra.

Não podemos nos balizar pelo ruim ou mediano; nosso padrão de qualidade deve ser de excelência. Devemos "levantar a régua" e praticar hábitos que nos tornem pessoas melhores, de princípios e valores capazes de influenciar para o bem, arrastando pelo exemplo do nosso dia a dia, seja na vida pessoal ou profissional.

Esse ponto é de fundamental importância, inclusive para quem lidera. A Bíblia diz: "o bom nome vale mais do que prata e do que ouro" (Provérbios 22:1). Às vezes, é melhor ter até mesmo prejuízo na vida profissional, mas manter a honra e cumprir com o que foi prometido em determinada negociação, porque nossa palavra garante relações sólidas e duradouras.

Convicção é algo que se transforma em certeza e passa a ser fé. Salomão era um rei de muita convicção daquilo que era correto, da existência de um Criador e de que Ele estava no controle de tudo. Nesse sentido, as coisas deveriam ser feitas corretamente para se obter bons resultados. Essa fé de Salomão oferecia a ele uma consistência muito relevante em seu reinado.

Devemos conhecer de forma clara a definição de sucesso para nortear nossos hábitos. Para Salomão, o sucesso está ligado ao equilíbrio; por isso, suas decisões eram tomadas a partir do equilíbrio das diferentes áreas da vida. Tudo que temos de mais, não é bom.

E por último, nessa primeira parte que estamos analisando acerca do rei Salomão, ele tinha um conceito muito claro acerca da eternidade com Deus. Ele entendia isso de forma muito transparente: as pessoas que tinham um bom proceder e que colocavam Deus em primeiro lugar teriam uma eternidade com Ele.

No fim, isso pode parecer religioso demais, entretanto, é necessário compreender que negócios são apenas uma parte da vida. As negociações que realizamos em nossa atuação profissional devem ser abençoadas, nada substitui a benção de Deus, que é o equivalente ao "certo, siga em frente".

Dinheiro não é capaz de substituir a benção de Deus; não existe esforço que sejamos capazes de realizar, inteligência que possamos desenvolver, ou até mesmo dedicação que sejamos capazes de ter – sem a benção d'Ele, jamais teremos equilíbrio em todas as áreas de nossa vida e não poderemos conquistar a felicidade, pois nosso coração sentirá falta de algo.

A benção de Deus é muito mais que apenas falar dos possíveis negócios, estamos falando de vida em abundância. É ser mais que vencedor, isso porque um vencedor é quem vence uma competição. Agora, ser mais que vencedor é ter muito mais a ganhar com a benção de Deus; o "mais" é relativo à eternidade, é contemplar coisas maravilhosas na presença do Senhor.

Até aqui, nós vimos pelo menos sete dicas para o aperfeiçoamento de nossos hábitos e como elas proporcionam felicidade. Vimos de forma macro e holística, considerando o todo na história do rei Salomão e lançando mão de exemplos e autores que contribuem para nosso perfeito entendimento dessas lições.

Vamos agora olhar detalhadamente o segundo ponto de que tratamos acerca da história do rei Salomão, senso de direção e discernimento, refletindo sobre a prática das variáveis que podem problematizar o tema quando falamos da vida pessoal e profissional. Olharemos para ações do dia a dia que muitas vezes nos escapam, mas que podemos mudar em nossas vidas.

2.3 ATITUDES TÊM MAIS PODER DO QUE PALAVRAS

Falar até papagaio fala, já dizia o dito popular. Quem tem boca fala o que quer e pode persuadir, dizer o que achar que deve. Nós, que buscamos desenvolver hábitos de poder em busca de crescimento e desenvolvimento, devemos ter consciência de que só a fala não basta, é preciso ter atitude.

O primeiro conselho prático da história de Salomão é que o momento perfeito não existe, devemos fazer agora. É necessário esforço e ação, pois as atitudes têm mais poder do que as palavras. Isso é decorrente de uma passagem bíblica, que diz: "Quem observa o vento, nunca semeará, e o que olha para as nuvens nunca segará. Assim como tu não sabes qual o caminho do vento, nem como se formam os ossos no ventre da mulher grávida, assim também não sabes as obras de Deus, que faz todas as coisas" (Eclesiastes 11:4-5).

Ou seja, não devemos esperar para amanhã para colocar um projeto de pé ou para tomar uma decisão na nossa vida. Devemos seguir em frente, pois não existe o momento perfeito, o que existe é apenas o agora. Nós não temos garantia nenhuma do amanhã, por isso não devemos procrastinar e adiar aquilo que nós sabemos que deve ser feito.

Não devemos procrastinar para fazer aquele curso que queríamos fazer, aquela decisão na empresa que deveria ter sido tomada. Devemos realizar agora, porque o depois, em geral, é similar ao nunca. Nós só temos domínio sob o momento presente, o passado já se foi e virou história, e o momento futuro não pode ser controlado.

Devemos tomar as decisões agora, fazer acontecer imediatamente, sem deixar para amanhã. É como o caso do regime alimentar que sempre é deixado para a segunda-feira, isso porque geralmente quando se faz a promessa, ainda não se está no dia e, então, se ganha tempo e ocorre a procrastinação.

O indivíduo mal-intencionado pode até conseguir enganar um pouco de gente durante um tempo sobre algumas coisas. Mas não consegue enganar todo mundo o tempo todo, sobre tudo. Ou seja, uma hora a fala não vai convencer, a atitude não poderá mais ser procrastinada e a verdade aparecerá.

A preguiça causa fome e pobreza, e isso pode ser verificado em uma passagem da Bíblia, que diz: "As mãos preguiçosas empobrecem o homem, porém as mãos diligentes, lhe causam riquezas" (Provérbios 10:4).

A pessoa diligente é cuidadosa, dedicada, primorosa e zelosa. Já a preguiçosa não se mexe, não se movimenta, fala bastante, mas não tem atitudes reais. Refere-se ao tipo de pessoa que reclama muito, e quem tem esse tipo de perfil está destinado a ter muita dificuldade e problema.

A preguiça é terrível, é complicada de administrar. Nós devemos colocar em prática as coisas da vida, mexer-nos em direção ao futuro, porque o que está reservado para as pessoas preguiçosas é a pobreza e a vergonha; já para as pessoas dedicadas, as riquezas e honras.

Há um ditado que diz que o sol não pode encontrar um homem de bem na cama. Ou seja, quando o dia amanhece as pessoas de bem já devem estar de pé realizando suas atividades. Antigamente, era normal as pessoas começarem cedo em suas atividades, justamente porque dormiam cedo e isso proporcionava uma oportunidade de começar a trabalhar de forma antecipada, ao nascimento do sol.

Muitas vezes nós ficamos consternados ao ver alguém sofrendo e passando por dificuldades. Mas é necessário analisar, porque esse sofrimento é falta de hábito. Estamos verificando e observando a vida de grandes vitoriosos.

É como diz o ditado popular: "a vida é dura para quem é mole". A diligência gera prosperidade. Todos os reis, líderes e presidentes de companhias querem as melhores pessoas do seu lado, justamente as pessoas mais diligentes, ou seja, aquela pessoa que é rápida, cuidadosa, atenciosa e que faz as coisas com excelência. Então, se desejamos nos tornar pessoas prósperas, devemos ter o cuidado de sermos diligentes.

Todo trabalho duro traz proveito. As pessoas que trabalham para valer, que dão o seu melhor sem pestanejar, que estão estudando e se desenvolvendo para se tornar pessoas melhores, enquanto muitos estão comendo batata frita e bebendo *chopp*, sempre terão o que fazer, pois elas terão resultado.

"O sol não pode encontrar um homem de bem na cama".

Sabemos que existem pessoas que falam muito. Por exemplo, no mercado de trabalho, existem pessoas que falam bastante sobre si no currículo, prometem mundos e fundos, mas quando começam a trabalhar na empresa, não se desenvolvem. Ou seja, falam da boca para fora. Então, como nos ensina a Bíblia, só falar nos leva à pobreza, no sentido de não entregar resultados.

Fica evidente que não adianta apenas falarmos, é preciso realmente ter o trabalho duro, acordando cedo, realizando as atividades que nos cabem com diligência e excelência, para poder buscar evolução pessoal e profissional. Quando falamos sobre riqueza, é comum que só observemos o material; entretanto, a riqueza é o "gol" do futebol, a parte visível do sucesso de alguém, mas também aquilo que é invisível.

A ordem certa deve ser a seguinte: primeiro somos, depois fazemos e finalmente teremos algo em nossa vida. Nesse sentido, ter dinheiro é apenas a ponta do *iceberg*. Para que a pessoa com riqueza chegue no dinheiro propriamente dito, existem muitas outras etapas que não aparecem para todo mundo ver.

O trabalho duro, a dedicação e a preparação são coisas que geralmente não são vistas. No caso da construção de uma casa, a fundação é parte fundamental, gera um esforço tremendo e muitas vezes é até responsável por boa parte do custo de uma obra, mas passa despercebida. O interessante é que há uma situação em que ela aparece: justamente quando apresenta alguma falha, desmorona, racha ao meio e acontece tudo de mal que podemos imaginar em uma construção residencial se a fundação não tiver sido bem planejada, calculada e executada.

Aqui, estamos falando em desempenhar esforços de forma estratégica, nos dedicar e nos esforçar naquilo que de fato faz a diferença e traz resultados. Trabalhar de forma inteligente é o equivalente a ouvir os conselhos e orientações que nos direcionam para o caminho correto, para onde possamos focar nossos esforços.

Muitas vezes nos deparamos com pessoas que trabalham muito, mas em locais, situações ou funções que não são prioridade da organização naquele momento. O funcionário faz, faz, faz e não tem reconhecimento. Ainda que ele ache que deva ser reconhecido pelo que está fazendo, é necessário compreender se a empresa espera isso dele, se há essa necessidade e se precisa ser atendida. Do contrário, o esforço será sem inteligência e em vão.

É preciso nos aconselharmos com sábios e entendidos para que possamos nos desenvolver. Quantas vezes nós já não sofremos na vida exatamente por falta de determinado conhecimento em uma atividade que tínhamos que desempenhar? Provavelmente teria sido mais fácil se tivéssemos buscado conselhos com quem já sabia.

Então, trabalhar de maneira inteligente é se atualizar das melhores maneiras que existem para realizar determinada atividade, utilizar as ferramentas mais adequadas para executar uma tarefa, verificar se existem formas de minimizar esforços antes de executá-la. Isso sim é colocar a inteligência a favor do trabalho duro.

Em algumas versões da Bíblia, essa passagem diz que devemos desenvolver múltiplas fontes de renda, exatamente porque nós não sabemos o que vai acontecer no dia de amanhã. Neste momento, por exemplo, vivemos uma pandemia mundial com a Covid-19, e muitos negócios fecharam as portas.

Por exemplo, se trabalharmos em uma empresa com carteira assinada, conforme manda o figurino empresarial, ainda assim devemos buscar desenvolver uma outra fonte de renda. É possível trabalhar com diferentes tipos de sistema, como venda direta e marketing multinível. Exercer uma atividade adicional garante uma segunda fonte de renda, para que, em uma situação inesperada, não fiquemos sem nada de um dia para o outro.

Apesar de essa ser uma dica simples e aparentemente óbvia, mais de noventa por cento das pessoas só dispõe de uma renda. Isso significa que se, no dia seguinte, essas pessoas forem dispensadas de seus trabalhos, simplesmente não terão renda e entrarão para a estatística de desempregados no país, o que é preocupante e merece atenção.

Nos Estados Unidos, por exemplo, é extremamente comum as pessoas desenvolverem uma segunda fonte de renda, justamente porque a aposentadoria lá vale muito pouco, não é suficiente para alguém sobreviver sem trabalhar. É possível verificar isso quando as pessoas mais idosas se mudam para países vizinhos, a fim de viverem onde o custo de vida é mais baixo.

Essa realidade não é vista só nos Estados Unidos; basta imaginarmos como é viver no Brasil só com a aposentadoria, ainda que o custo de vida seja mais barato, dependendo do estado. Nesse sentido, torna-se fundamental que tenhamos duas ou mais fontes de renda em nossa atuação profissional, até porque, ao longo da vida, nossas energias vão se esgotando. Apesar de acharmos que teremos energia para sempre, nosso corpo envelhece, ainda que a mente permaneça jovem, e isso nos limita na atuação profissional. Nesse sentido, é fundamental pensar no amanhã, pois mesmo que a gente queira trabalhar, pode ser que já não sejamos mais capazes fisicamente.

Aposentadoria versus alto custo de vida.

As pessoas astutas, íntegras e que têm vontade de crescer são as mais procuradas no mercado de trabalho porque precisam trabalhar. Elas têm motivo para levantar todos os dias de manhã. Geralmente são pais de família ou são comprometidas com seus sonhos, apresentam garra e dedicação.

Essas pessoas não se resumem apenas a quem tem dependentes; muitas vezes são pessoas que sentem necessidade de sustentar um estilo de vida ou anseio. O fato é que, sem um bom motivo para pular cedo da cama todos os dias, o profissional desiste e deixa de ir ao trabalho. É uma questão de tempo – às vezes, de pouco tempo.

Agora, pessoas que não precisam trabalhar e o fazem "por esporte", porque receberam uma educação que conhecemos como "filho de papai", na primeira pressão espanam, não ficam na companhia, pois não estão acostumadas com os desafios do mundo corporativo. Elas não conseguem aguentar o mínimo de pressão por parte da empresa.

Existem também as pessoas que trabalham por propósito, que apresentam condições para não precisar trabalhar, já atingiram a abastança. Mas, mesmo assim, algumas permanecem na ativa porque amam o que fazem, adoram estar no mercado de trabalho produzindo e fazendo a diferença na vida de outras pessoas todos os dias. Estamos falando das pessoas que têm causas nobres.

Devemos considerar a necessidade de foco. Quando estamos em um projeto, não devemos desviar do que foi planejado, por nada. Não podemos negociar. O sucesso é feito por pessoas que não desviam de seu propósito e esse é mais um hábito de Salomão, que jamais desviava de seus propósitos.

É muito pouco provável obter resultado positivo na vida alguém que, por mais que tenha inteligência no que faz, abandona a atividade a cada dificuldade encontrada e busca fazer outra coisa. É como uma árvore que nós plantamos em vários lugares, sem dar a ela tem tempo para firmar suas raízes na terra.

Outra situação inerente aos bons hábitos que devemos nos atentar é evitar contrair dívidas; isso é tão importante que existe uma passagem na Bíblia que nos apresenta de forma muito clara a ideia. Se analisarmos a classe mais baixa, iremos constatar que os mais pobres gostam de comprar a crédito; na outra ponta, se olharmos para a classe mais alta, onde estão os mais ricos, iremos constatar que a atividade predileta do rico é oferecer crédito para o mais pobre. E quando falamos em "pobre", não falamos somente de pessoas em situação miserável. Estamos falando de pessoas que não têm conhecimento da amplitude do dinheiro.

Vale ressaltar que, conforme problematizamos anteriormente, existem casos em que a pessoa de fato não tem escolha a não ser o endividamento. Não podemos comparar grandes CEOs com pessoas que nasceram em um lar desestruturado, reféns do destino e sendo condicionadas a viver na rua, sem pai e nem mãe.

Não se pode cobrar de um ser humano hábitos de poder se ele não teve um mínimo de referência. Essa maturidade de reconhecimento da condição alheia nos é fundamental para que sejamos capazes de contribuir para a vida de pessoas nessas condições, acrescentando e proporcionando oportunidade.

O dinheiro não é apenas físico; ele representa o tempo que nós trabalhamos para conquistá-lo. Se nós soubermos lidar com ele e tratá-lo bem, é muito provável que iremos atingir a abastança, a independência financeira, para que possamos utilizar nosso tempo da melhor e mais conveniente maneira.

As pessoas que tomam dinheiro emprestado automaticamente se tornam devedoras, e necessariamente têm de trabalhar para poder pagar o empréstimo que contraíram. Se tivermos uma vida econômica controlada, evitando dívidas, nós seremos mais livres para desenvolver um projeto pertinente de empreendedorismo.

Aliás, vale refletirmos sobre o livro escrito por Robert Kiyosaki e Sharon L. Lechter, "Pai rico Pai pobre", que em determinado momento apresenta um exemplo prático sobre a educação financeira dos filhos. No caso, o pai pobre defende o parcelamento para pagar e conquistar as coisas, ele orienta o filho a fazer financiamentos. Já o pai rico diz para o filho guardar o dinheiro e quando tiver o total necessário, comprar à vista solicitando desconto, já que terá o poder de compra, o que melhora a negociação.

Diversificar nossos investimentos é buscar manter um portifólio, como por exemplo não aplicar nossos ganhos em um só tipo de negócio. Assim, podemos aumentar as nossas chances de sucesso e não ficar presos no sucesso de um determinado investimento, pois se ele falhar, perdemos tudo.

Hábitos Poderosos

Deve-se investir em mais de um tipo de negócio.

Em geral, nós não devemos parar de aprender, mas estar sempre em evolução. Devemos querer e estar dispostos a aprender sem cessar, em busca de desenvolvimento e crescimento em direção ao sucesso pessoal e profissional. Quando definimos bons hábitos, passamos a assumir um estilo de vida, a andar com foco e princípios bem definidos para obtermos bons resultados.

Numa análise final, vale refletirmos sobre o fato deste mundo ser curto, aqui nós vivemos o provisório. É necessário colocar nosso foco no definitivo, o provisório é algo que passa muito rápido. O definitivo é onde nós devemos fixar nossas mentes e corações, em busca do equilíbrio saudável em todas as áreas de nossa vida.

Aqui cabe a reflexão sobre o que de fato deve ter mais importância na nossa vida, a perspectiva e a certeza de ter um projeto de eternidade e, para isso, o caminho é o Senhor Jesus Cristo. Ele é o caminho, a verdade e a vida, a única fonte de um projeto de eternidade.

03
NADA TEM MAIS VALOR QUE O SEU NOME

O nome é algo extremamente importante para qualquer pessoa. Isso é tão real que, se por engano, trocarmos o nome de alguém, podemos ofender a pessoa. O nome traz uma identidade, um sentido, revela um significado. Isso quer dizer que, por trás do nome, existe um ser com características próprias, com uma história, uma cultura, uma personalidade, uma identidade que revela sua origem.

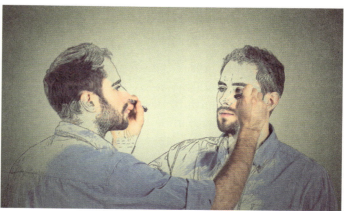

O nome pessoal revela nossa identidade.

Na Bíblia, o nome tem uma importância muito grande: revela uma missão. Dar nome não é apenas identificar, mas relacioná-lo a uma bênção. O nome Jacó, por exemplo, vem da história bíblica sobre o seu nascimento, quando ele saiu segurando o calcanhar do irmão gêmeo, Esaú. É um nome hebraico que significa "estar atrás, seguir".

Outro exemplo é o nome Isaac, também derivado do hebraico, que significa "aquele que transmite alegria e vitalidade". Já Benjamim em hebraico tem o sentido de "filho da felicidade", enquanto Cristo significa "o ungido".

O nome tem força e revela toda uma genealogia na Bíblia. Nos tempos bíblicos, a linhagem da família era muito importante e isso definia, em muitos casos, o nome da pessoa. Aqui também vale a pena ressaltar que, às vezes, os pais escolhiam o nome de um bebê pelas circunstâncias associadas à concepção (como no caso de Isaac) ou ao parto (como em Jacó e Benjamin). Outras vezes, devido a atos ou atributos divinos ou ainda pela relação com a natureza. Por exemplo, Deborah significa abelha e Jonas, "o pacífico".

Nesse sentido, a importância do nosso nome se reflete em nossa vida e nos resultados que esperamos atingir diante dos nossos objetivos e metas, porque a grande diferença no mundo está nas pessoas que zelam pelo próprio nome. Existe um ditado que diz: "primeiro vem a qualidade e depois a produtividade, porque se você não fizer poucas coisas com qualidade, não adianta fazer grandes coisas com baixa qualidade".

Fazer poucas coisas bem-feitas é melhor do que fazer muitas coisas malfeitas. A reflexão sobre o nome é algo que muitas culturas já faziam há muito tempo, não é uma pesquisa tão nova assim. Vários autores já discorreram sobre o tema. Mas, o interessante é que sempre aprendemos mais sobre ele. Assim, vamos refletir sobre alguns métodos que nos ajudam a valorizar nosso nome acima de tudo, abrindo portas e garantindo boas oportunidades.

Através de alguns conceitos muito práticos, vamos verificar o sucesso por várias óticas e compreender a real necessidade de valorizarmos nosso nome, nossa honra e nossa história no mundo. Cada pessoa possui objetivos de vida diferentes, para alguns o sucesso deve ser alcançado com a fama, para outros deve-se conquistar o poder. Outros ainda acreditam que precisam conseguir muito dinheiro, ter equilíbrio na vida ou até mesmo se aproximar de Deus.

Sucesso é muito relativo, então a ideia não é falar sobre o sucesso. Vamos trocar essa palavra por realização, que está ligada diretamente ao histórico do nosso nome, como seremos lembrados e vistos pela sociedade na qual estamos inseridos. O nome representa aquilo que queremos ser, o que queremos conquistar.

O mundo está cheio de sonhadores, mas não são pessoas que sonham dormindo, elas sonham acordadas. Sonhar dormindo é algo que não se tem controle, é um estado de inércia, pois podemos sonhar qualquer coisa. Há pessoas que ficam sonhando acordadas a vida inteira e não conseguem realmente realizar nada.

Aqui está a diferença, porque quando falamos de sucesso parece algo muito vago. O sucesso, nessa perspectiva, é muito relativo. O que é sucesso para uns, pode não ser para outros. O interesse de uns, pode não ser o interesse de outros. Então, é preciso ter presente aquilo que nos realiza e o nome está ligado à nossa realização.

Existem metodologias que nos ajudam nessa questão e que servem aqui, onde moramos, ou em qualquer outro lugar do mundo. Geralmente, as pessoas de sucesso têm harmonia, do mesmo modo, as que não têm muito sucesso têm falta de harmonia. Estas são desalinhadas, o que não tem a ver com inteligência ou capacidade fora do comum, mas com alinhamento.

Nós sempre emitimos sinais para o mundo e esse sinal vai atrair coisas boas ou ruins, dependendo de como estamos. Ao olhar um profissional, um médico, um professor e a nós mesmos, precisamos perceber quais sinais estamos emitindo. A maneira a qual falamos e nos comportamos revela quem somos, além de como é o nosso convívio social.

Atraímos aquilo que sonhamos.

Nós somos emissores de uma série de informações e atraímos aquilo que emitimos. Aqui, estamos falando sobre aos tipos de pessoas as quais nos relacionamos. Se tivermos uma preocupação boa com a saúde, cuidando dela, tendo uma boa alimentação, fazendo exercícios físicos, emitimos isso para as pessoas que estão à nossa volta, e o mundo retribui mais saúde para nós.

As doenças psicossomáticas são causadas por problemas emocionais do indivíduo e representam a ligação direta entre a saúde emocional e a física. Ou seja, doenças psicossomáticas ocorrem quando nossos sentimentos prejudicam o corpo, acarretando ansiedade, pânico, estresse, entre outros.

Isso significa que, quando nossa mente está cheia de pensamentos, os reflexos deles aparecem em nosso corpo. Doenças psicossomáticas são comuns na nossa geração, por isso, precisamos ter cuidado e estar alerta aos sinais. Isso tem a ver com o que foi falado acima: quando emitimos para o mundo sinais muito pesados, outros problemas são gerados.

O melhor jeito de nos livrarmos de doenças psicossomáticas é tentando ser o mais amável possível. Primeiro conosco mesmo e depois com as outras pessoas. Não sejamos duros demais conosco, nem com os outros, pois isso volta para nós. O apóstolo Pedro, em sua carta, deixa uma linda mensagem: "sobretudo, amem-se sinceramente uns aos outros, porque o amor perdoa muitíssimos pecados" (1 Pedro 4:8-11).

Há estudos que já comprovam a associação de doenças psicossomáticas com o câncer (BANDEIRA; BARBIERI, 2007). A pessoa vai somatizando uma série de emoções até chegar uma hora que aquilo desencadeia algum problema ou doença grave. Por isso, é preciso não somatizar, mas levar a vida um pouco mais leve, com equilíbrio.

Dentro dessa perspectiva, há uma relação entre correspondência e percepções. As percepções diversas, principalmente em relação ao mundo, estão muito ligadas à correspondência que você tem com esse mundo. Muitas vezes, olhamos as coisas de acordo com um modelo que está em nossa mente.

Dessa maneira, enxergamos algumas coisas onde não tem. Por exemplo, onde há coisas boas, devido a uma série de situações, não conseguimos enxergar. Da mesma forma, onde há coisas ruins, que não servem para o nosso crescimento, também não as enxergamos. Isso acontece por causa da correspondência que temos em nossa mente.

Tudo isso que foi dito é interessante de se observar. A lei da correspondência traz alguns princípios fundamentais que foram abordados aqui: atitude, relacionamento, saúde e percepção. Na verdade, tudo isso está relacionado com o que queremos construir em relação ao nosso nome. Como foi dito, o nome revela uma identidade e essa identidade está ligada ao que há de mais profundo no ser humano.

A gestão das emoções é o mais importante para você estar bem. Sem saúde emocional não conseguimos dar conta dos nossos afazeres. Portanto, é muito importante cuidar dela. Deve haver um equilíbrio entre corpo, mente e alma para conseguirmos vencer os obstáculos.

A crença se torna uma aliada nessa jornada, mas também pode ser uma limitação. As crenças são como os paradigmas, isto é, são modelos, padrões que estipulamos. Pode ser um modelo cultural, social, religioso, ético, político, etc. Os padrões são muitos e possibilitam o entendimento do mundo. Nós temos uma visão, mas nem sempre o que ela representa é, de fato, mundo real.

Muitas vezes, criamos uma visão do mundo e das pessoas, e nem sempre estamos certos em relação a isso. Ter uma visão distorcida é mais comum do que imaginamos, por outro lado, podemos ampliar a nossa visão, o que é enriquecedor.

Podemos enxergar com olhos que veem oportunidades ou com olhos que não enxergam nada além da visão de si próprio. Ampliar a visão significa sair de convicções dogmáticas, que nos impedem de ampliar os conhecimentos e de crescer. Quantas coisas acreditamos e que não passam de mitos ou de verdades sem sentido para a vida?

A crença pode ser positiva, impulsionar-nos a ter mais confiança e força, ou pode nos limitar, colocando-nos num círculo vicioso em que não aprendemos e nem nos abrimos para as oportunidades. Toda oportunidade é uma situação favorável, uma porta que é aberta em que podemos ingressar e crescer através de escolhas.

Em Efésios 5:15-16, encontramos uma mensagem que vem ao encontro de tudo que estamos conversando sobre aproveitar as oportunidades: "tenham cuidado com a maneira como vocês vivem; que não seja como insensatos, mas como sábios, aproveitando ao máximo cada oportunidade, porque os dias são maus".

Dessa forma, algumas crenças nos limitam a ter sucesso, nos apequenam e nos tornam reféns de nós mesmos. Com certeza já pensamos, em algum momento da vida, que não poderíamos realizar tal coisa, que não tínhamos capacidade para desenvolver tal projeto. Isso é apequenar-se.

Podemos criar, desenvolver, inovar, solucionar, ampliar horizontes, basta acreditarmos.

Uma visão clara, portanto, estabelece um curso de ação com um direcionamento. Uma boa visão é, antes de tudo, ter noção de qual é a nossa identidade e o nosso objetivo, e o que precisamos fazer para levar a sua organização até o destino almejado num futuro próximo. É preciso dedicar muito tempo de análise e perseverança para conseguir. Além de ter confiança e acreditar sempre.

Os valores que trazemos com a nossa identidade também são fundamentais para a realização dos nossos sonhos. Não somos o que falamos, somos o que fazemos. Até porque podemos falar muito e não fazer nada. O que mais existe no mundo são pessoas que falam, falam, mas na verdade elas não são aquilo que dizem se, elas são sepulcros caiados. E aqui não tem nada a ver com religião. É preciso aprender com pessoas que não somente falam, mas fazem, têm atitude e coerência.

Falar é muito fácil, todos falam e prometem, mas as atitudes nem sempre condizem com aquilo que se diz. É preciso agir com coerência. As pessoas de sucesso desse mundo têm valores muito sólidos, são íntegras, corretas, direitas, trabalhadoras e dedicadas. Elas entendem que quem mata tempo é suicida, pois está matando o próprio tempo. Pessoas de sucesso são alinhadas e comprometidas com elas mesmas.

Podemos dizer então, que valores têm a ver com ética, com convicção de vida, coerência, atitudes positivas, que agregam conhecimento e personalidade. Os valores mostram a identidade das pessoas e essa identidade se expressa no nome. Os nomes estão relacionados a valores.

O pensador grego Sócrates ficou conhecido também por uma máxima, que não é uma invenção dele, mas que estava no templo de Delfos: "conhece-te a ti mesmo". O autoconhecimento é muito importante no processo de reconhecimento dos nossos valores. É ele que possibilita sabermos quem nós somos de verdade.

Além do autoconhecimento, a motivação se torna motor nesse processo. Nem sempre as coisas são fáceis e conseguimos alcançá-las de imediato. Mas, é preciso motivação para perseverar. As pessoas de sucesso são automotivadas, acordam todos os dias com motivos nobres a construir, sabem o que querem da vida, não ficam mudando a toda hora. Elas têm foco, motivação e desejo claro de avançar em seus objetivos.

Não espere que ninguém motive você, não se desmotivar já é suficiente. Tenha motivação, defina metas e objetivos para seguir em frente, porque a automotivação é o combustível que precisamos para não parar. Fomos criados com um propósito, somos mais que as nossas dificuldades, temos capacidade para realizar o que desejamos.

A atividade subconsciente também pode ser uma aliada dentro daquilo que almejamos. O subconsciente é parte significativa da nossa mente e pode influenciar inclusive as nossas ações. O nosso consciente é menos de 1% de toda mente. O que estamos pensando agora é apenas uma parte muito ínfima do que está em nossa cabeça.

A mente subconsciente é um produto da mente consciente. Quanto mais coisas boas conscientemente colocamos em nossa cabeça, mais o nosso subconsciente trabalha combinando elementos. Por isso, temos que colocar coisas legais, porque lá dentro teremos as combinações, as ligações que vão produzir coisas boas para nós.

O subconsciente deve ser alimentado para gerar coisas boas para nós.

Mesmo não tendo controle sobre tudo, precisamos ter expectativas de que coisas maravilhosas vão acontecer. As pessoas que vivem com expectativas boas atraem coisas boas, e isso contagia o ambiente em que você está. Como é bom ter expectativas boas, não é mesmo? É fundamental acreditar no seu sonho, objetivo, meta, planejamento. Seja ele qual for, é a crença nele que importa.

As pessoas de sucesso são positivas. Só reclamar e chorar porque a situação está ruim não adianta. Quando olhamos o mundo e nossos projetos com mais expectativa, tudo sorri para nós, o mundo nos abraça, as coisas começam a conspirar a nosso favor e, realmente, acontecem.

Quando vamos a um velório, percebemos que as pessoas choram bastante, especialmente as mais próximas do falecido. Porém, esse choro ocorre ali, naquele momento. No dia seguinte, algumas pessoas ainda choram, mas em uma semana o choro vai reduzindo, sendo que, depois de um tempo, talvez somente a mãe e o pai vão chorar nas datas de nascimento ou na que o ente querido partiu. Isso quer dizer que o choro é provisório, precisamos ser pessoas otimistas, que veem as situações com outros olhos.

Quando falamos coisas boas, somos otimistas e rimos para o mundo, as pessoas começam se aproximar de nós. Na verdade, elas querem ficar próximas de gente otimista, que trazem boas perspectivas.

Há uma história que diz que Júlio Cesar estava em um barco e veio uma tempestade que fez o barco se mexer para lá e para cá. Os marinheiros, com um medo danado de morrer, diziam que o barco iria virar. Porém, ele subiu no mastro e disse aos marinheiros que já havia passado por centenas de casos como aquele e que nunca ninguém havia morrido. Ordenou que todos ficassem em seus postos.

Todos foram para seus postos e saíram da tempestade. Após um tempo, Júlio Cesar escreveu em seu diário que nunca tinha passado tanto medo em sua vida. Mas, o que ele fez? Ele foi uma pessoa positiva, que teve uma boa expectativa. Que possamos ter boas expectativas em relação à vida, porque ela tem o melhor para cada um de nós. Acredite!

Barco na tempestade.

Tem coisas maravilhosas para acontecer em nossas vidas, mas é preciso que coloquemos esses princípios para funcionar, e logo vamos perceber a vida mudar. A sua vida muda não quando muda um governo, as estações do ano, ou qualquer outra coisa desse tipo. Ela muda quando você decide mudar, crescer.

A vida não vai mudar porque colocaram uma academia perto de casa, mas porque decidimos entrar na academia e malhar pesado para atingir o corpo ou o peso ideal. A vida muda se mudarmos a nossa perspectiva sobre o mundo. Muda quando percebemos que a mudança está em nós, no desejo de mudar e de fazer a diferença.

O que contribui para a mudança são os hábitos. Bons hábitos são difíceis de implantar e ótimos de conviver. É fundamental ter bons hábitos e perseverar na mudança daquilo que ainda não está legal. Agora, maus hábitos são fáceis de implantar e péssimos de conviver.

Temos que aprender a substituir os ruins pelos bons. Também precisamos ser mestres em fazer essa substituição porque nós somos criaturas de hábitos. Grave bem isso: a maior batalha que temos na nossa vida é a mudança de hábitos. Não é fácil. Porém, hoje temos que ser melhores do que ontem. Temos que crescer e criar bons hábitos.

Não criemos competição com o marido, esposa, concorrente, nem conosco mesmo. Pense que a cada dia você será um ser humano melhor e vai vencer aquele hábito ruim. Com certeza, temos muitos hábitos ruins. Quais são eles? O que precisa ser melhorado?

Cada um sabe onde o calo aperta, cada um sabe onde mais precisa melhor. Essa deve ser a nossa missão diária, melhorar o que precisa ser melhorado, dar o melhor de nós, sempre olhando para frente. Como diz o famoso apóstolo Paulo:

"Eu olho para a frente, esqueço o que está atrás e vou correndo para chegar na linha de chegada".

Portanto, seja uma pessoa que constrói bons hábitos.

Para criar bons hábitos é preciso tempo. Para ser campeão em algo, é preciso muito treino. Nunca vimos um campeão vencer sem treinar, sem dedicar horas, dias, anos em treinamento. O segredo dos campeões está em nunca desistir do propósito. O tempo nos ajuda a construir a nossa identidade, os nossos sonhos. Além do mais, nos ensina e nos mostra que, para alcançar objetivos, é necessário tempo.

Cada queda, machucado, torsão, noite mal dormida, dias de cansaço... são apenas parte de um grande objetivo: alcançar o máximo de excelência nos movimentos. Campeões não perdem tempo, mas o investem aperfeiçoando movimentos, por mais que isso signifique ficar dez horas treinando.

Uma pessoa de valor, sucesso e realização não perde tempo com bobagem, entende que o tempo é a matéria-prima da vida. Do que a vida é feita senão de tempo? Veja que interessante, todas as variáveis químicas e físicas são controladas através do tempo. Ele é a única coisa que não conseguimos mudar. O que passou, foi, não volta mais. A vida é assim.

Conseguimos mudar a temperatura, pressão e velocidade, mas não o tempo. Tudo é calculado em função dele, a sua vida é vivida em dias, segundos e anos. Pessoas inteligentes fazem o que é importante, focam no que realmente importa fazer e não perdem tempo com coisas circunstanciais.

Claro que não significa que não vamos dedicar tempo ao lazer, à leitura e aos momentos de descontração, ao ócio mesmo. Tudo isso também é válido. Mas, não dá para passar a vida inteira só fazendo essas coisas. Afinal, a vida não é uma colônia de férias. O entretenimento é importante, mas devemos ter equilíbrio.

Brincar, divertir-se, estar com os amigos e a família faz parte da vida. Porém, mais importante do que tudo isso, é definirmos o que é importante para nós. O mais legal é ter um equilíbrio nessas áreas, equilibrar o pessoal, o profissional, o familiar, o financeiro, o social, o espiritual, as diversões, etc.

A felicidade tem a ver com ter equilíbrio em todas as áreas. Ter um, dois, três, cinco ou dez bilhões de dólares, por um lado, traz conquistas materiais, mas não garante a felicidade. Muitas pessoas têm muito dinheiro e são obrigadas a tomar antidepressivos porque não encontram sentido na vida.

A vida tem que ser equilibrada.

A vida tem que ser equilibrada. Devemos tentar ao máximo sermos bons profissionais, boas pessoas, bons pais de família, bom marido, boa esposa, bom patrão, bom empregado, fazer o bem e ajudar o nosso próximo. Na Bíblia vamos encontrar a passagem que diz: "e não nos cansemos de fazer o bem, pois no tempo próprio colheremos, se não desanimarmos" (Gálatas 6:9).

Vida equilibrada é sinônimo de boas escolhas, precisamos escolher bem para sermos felizes. Eu escrevi um livro chamado "Decisão ideal" e nele dou cinco dicas para escolher alguém para se casar. É um assunto tão importante e ninguém ensina, ninguém faz curso para aprender a se casar, uma das coisas mais importantes da vida.

No livro, dou essas cinco dicas para se casar, as pessoas precisam ter o mesmo sonho, os mesmos objetivos, amar na mesma intensidade. Entenda que a vida é feita de escolhas, se pararmos para analisar a lei da escolha, vamos ver que ela é fundamental em qualquer área. Saber escolher não é tarefa fácil. Se fosse, ninguém escolheria aquilo que prejudica, que faz mal e que leva a caminhos tristes.

Algumas coisas não podemos escolher. Por exemplo, ninguém escolhe onde vai nascer, os pais, a cor dos olhos ou dos cabelos. Simplesmente nascemos assim. Mas, podemos escolher os amigos, os nossos objetivos, os nossos sonhos. Aprender a escolher é fundamental, escolha pessoas pelo caráter, integridade e confiança, não pela beleza, mas pela nobreza de espírito.

Escolher o caminho certo é fundamental para alcançarmos nossos objetivos.

Geralmente, a mulher é muito auditiva e o homem muito visual. Os homens precisam tomar cuidado, somos traídos pelos olhos. Nós olhamos para aquilo que consideramos bonito e chamam a nossa atenção. A mulher que é mais auditiva, às vezes, derrete-se com poemas, boas palavras e boa conversa. Dessa forma, temos que tomar muito cuidado, pois podemos ser traídos por algumas situações.

Toda escolha exige renúncia para o bem maior. Estarmos dispostos a renunciar por um propósito é sinal de grandeza e amadurecimento. Quando alguém casa, está renunciando a vida de solteiro para viver a dois. Então, por conseguinte, a renúncia exige mudança. Para ter sucesso, ter uma identidade e para crescer na vida, é preciso mudança.

A mudança é um dos princípios da vida. Nada está parado, nada está inerte, tudo está em movimento. O filósofo pré-socrático Heráclito já afirmava isso no século VI a.C. Dizia ele que ninguém pode entrar duas vezes no mesmo rio, pois quando nele se entra novamente, não se encontra as mesmas águas, e o próprio ser já se modificou. Assim, tudo é regido pela dialética, a tensão e o revezamento dos opostos. Tudo é mudança.

Devemos esta abertos a mudanças. Aquele que não muda, não cresce. Nada impede mais o crescimento de um homem do que a incapacidade de mudar. Temos várias coisas que nos impede de mudar, a educação, o não falar outra língua, não querer se aperfeiçoar, não mudar as estratégias. Temos vários exemplos de empresas que foram à falência porque não queriam acompanhar as mudanças do mercado. Isso acontece, é real. A pessoa pode escolher isso também.

Aqui tem um paradoxo interessante. As pessoas querem mudança, mas não querem ser mudadas. Se o sucesso, por exemplo, tem o formato de um círculo e a pessoa o de um quadrado, ela não vai se encaixar. Às vezes, a pessoa não quer se adaptar, para isso, ela teria que tirar as arestas do quadrado até conseguir passar no redondo.

Assim é a vida, ou as pessoas mudam ou permanecem estagnadas na mesmice.

Existe uma frase americana que diz que o *feedback* é o café da manhã dos campeões. Campeão gosta e aceita *feedback*. Imaginemos se tivéssemos um *coach*, um *personal trainer* e não aceitássemos as orientações, o *feedback* ou qualquer outra sugestão. Não teria muito sentido, até porque não haveria nenhuma evolução. A mudança só é possível quando aprendemos que não sabemos tudo e podemos melhor.

Diante das mudanças, o controle, ou lei do controle se torna imprescindível. A lei do controle é importante para o sucesso, pois através dela vamos saber o que é prioridade e o que não é. O que é prioridade na nossa vida? Temos clareza realmente do que é importante? Aqui, é interessante fazer essa reflexão, porque a vida ou você controla ou não controla.

Um exemplo: não controle seu saldo no banco, deixe o gerente controlar para você, o que vai acontecer? Vamos perder o controle e facilmente podem nos enganar. Duas habilidades são fundamentais para todo ser humano: administração e psicologia. Administração para controlar os bens, as finanças pessoais, da casa ou da empresa. E psicologia para lidar com as emoções, aprender a entender as pessoas e os diversos tipos de comportamento.

A lei do controle significa controlar nossos pensamentos, sentimentos, ações, o tempo, nossas atividades, além de termos controle sobre administração e psicologia. Isso não significa que temos o poder de controlar tudo, têm situações que independem do nosso esforço. Mas, o que compete a nós, podemos sim controlar. É questão de organização, prioridades e responsabilidade diante daquilo que compete a nós.

A própria Bíblia conta, em Mateus 25:14-29, sobre o patrão que deu moedas para um grupo de pessoas: uns receberam dez, outros cinco, dois e um talento. Aquele que recebeu cinco duplicou-os e fez dez, quem recebeu dois transformou-os em quatro, e quem recebeu apenas um, colocou-o na terra e o enterrou. O patrão voltou e disse para quem recebeu cinco: "agora você é fiel e merece mais", para o que recebeu dois "merece mais", e para o que recebeu um "até o que você tem lhe será tirado".

Na vida, crescemos à medida que entregamos mais do que recebemos. É um princípio interessante, recebemos muitas coisas, mas será que cuidamos e multiplicamos o que recebemos? Quanto mais entregamos, mais oportunidades temos, e quanto menos entregamos, mais nos é tirado. Até chegar ao ponto de ficarmos sem nada, sem ter para onde ir.

Então, é preciso aprender a ter responsabilidade. Esta é uma lei fundamental. O nosso nome revela quem somos, o que queremos, quais são os nossos valores, nossas conquistas, atitudes, responsabilidade e aquilo que mais desejamos ser e conquistar. O nosso nome tem um poder muito grande.

3.1 O LIVRO MAIS PODEROSO DO MUNDO

A Bíblia é o livro mais lido do mundo e, em seu conjunto, fascina cristãos e não-cristãos, pessoas de fé e pessoas que se aproximam dela simplesmente por curiosidade, ou através de uma pesquisa acadêmica, sem envolvimento religioso. Ela é fundamento para os cristãos de todo o mundo.

Dentro do conjunto de livros que compõem o Livro Sagrado, os cinco primeiros, o Pentateuco, destaca-se pelo seu valor excepcional da Torá, livro sagrado do judaísmo e valor normativo e fundador para Israel. Nela, encontram-se as leis fundamentais para os judeus e cristãos, servindo também de inspiração para os mulçumanos, principalmente os profetas.

Através da Bíblia, Deus se revela como único e criador, o povo faz a experiência de encontro e libertação. Deus é o Deus de Abraão, de Isaac e de Jacó. Nele, todos são chamados a uma aliança de bênção e prosperidade. Para isso, Deus convida a estar com Ele e a confiar em suas promessas.

Deus é o criador do universo, aquele que faz tudo funcionar em perfeita harmonia. Em Gênesis, o primeiro livro da Bíblia que conta sobre a origem do mundo, entendemos a visão desde a criação na perspectiva dos hebreus até à fixação deste povo no Egito, através da história de José. Nós somos "minicriadores" também, somos cocriadores. Assim como o povo de Deus realizou grandes projetos, também podemos realizá-los.

A Bíblia deixa claro que é preciso fé e trabalho árduo para ser bem-sucedido e oferecer muitos conselhos preciosos que advêm da palavra de Deus. O próprio Jesus Cristo pregou que estamos aqui para servir aos outros, e seus ensinamentos e ações confirmam que fomos colocados neste mundo para amar e servir ao próximo.

Através da nossa vida, trabalho e empreendimento, podemos amar e servir ao próximo. Não são coisas incompatíveis, devemos praticar isso no nosso dia a dia, dando o nosso melhor e fazendo sempre o bem. A prosperidade vem dessa fidelidade à palavra de Deus, da confiança nos ensinamentos encontrados na Bíblia.

As Dez Palavras, pronunciadas por Deus no cume de uma montanha, formam a proposta de aliança de um Deus que promete vida em abundância. O decálogo é sinal de vida, amizade, liberdade e justiça. É através do decálogo que são instituídos os dois mandamentos, que depois se tornam um só: "Amarás o Senhor teu Deus... Amarás teu próximo como a ti mesmo".

Representação das tábuas dos dez mandamentos.

Com Deus nada é impossível. Criar é melhor que copiar, por isso seja pioneiro, o criador de grandes projetos. Inspire-se na Luz Divina e diga: faça-se. E aja. Fomos feitos únicos e especiais. Então, vamos pegar o dom que Deus nos deu e criar coisas novas, diferentes. Quem copia sai em desvantagem, pois as pessoas gostam do que é original.

Pessoas necessitam de produtos e serviços, estão carentes de um monte de coisa. Não deixemos as trevas minarem as nossas ideias. Deixemos o espírito de Deus Criador pairar sobre nossas vidas. Deus criou coisas no vazio e nós também temos um mundo de oportunidades para criar. Não nos importemos com palavras negativas e não deixemos que as dificuldades atrapalhem o nosso potencial.

Deus sempre dirá: tenha sonhos, projetos e ideias grandiosos para a sua vida, mas isso só acontecerá se você disser "sim" para eles. Deus tem grandes planos, mas é preciso que a gente dê espaço para que eles aconteçam. Dar espaço é possibilitar a bênção dele em nossas vidas. É preciso confiar e acreditar que somos filhos abençoados.

Temos que separar a benção da maldição, a luz das trevas. Isso no mundo empresarial quer dizer: separar o que agrega valor e o que não agrega, o que corrompe e o que torna mais fiel e feliz. Separar o que nos motiva e o que gera medo e insegurança, tudo o que não faz parte da luz.

Quem fica parado não produz e quem não produz, não cresce. Deus quer que cresçamos! Para tanto, é necessário dar frutos que gerem sementes por si só, ou seja, legado. Vamos à luta, vamos atrás dos nossos objetivos. Só a semente não gera fruto, ela precisa ser regada, cuidada, protegida, que sejam removidas as ervas daninhas e tenha todo o cuidado para que ela brote e se desenvolva.

Tudo tem seu tempo debaixo do sol, alguns frutos só dão em certas estações do ano (Tiago 5:7). Seu empreendimento requer planejamento e decisões assertivas, por isso alguns projetos demoram anos para se ter o lucro e o sucesso esperados. Tudo acontece no seu tempo. Como diz a própria palavra de Deus: "Tudo tem o seu tempo determinado, e há tempo para todo o propósito debaixo do céu" (Eclesiastes 3:1). Há tempo para todas as coisas!

Para que as coisas funcionem é preciso hierarquia. Sempre em um empreendimento existirá o líder geral (CEO / Presidente), gerentes, supervisores. A questão é que, sempre existirá um maior que o outro em termos de responsabilidades, mas todos têm a sua importância e funções. A hierarquia não significa sermos maiores do que os outros, mas desempenharmos responsabilidades diferentes.

A hierarquia significa desempenhar responsabilidades diferentes.

Cada coisa no universo desempenha uma função, tudo tem uma utilidade. Aves, animais aquáticos e terrestres e demais espécies de animais foram criados. Vamos dizer que cada criatura corresponde aos diversos departamentos de uma organização. Cada um com sua função e metas, mas todos em sinergia por um propósito maior, que é a continuação do ecossistema do empreendimento.

E Deus fez tudo e descansou! É importante trabalhar, criar, inovar, mas o descanso é fundamental. Descansar, viajar, desfrutar da família, sair com os amigos. Além disso, ter felicidade é essencial para a nossa saúde física e mental, estar pleno para realizar os trabalhos e desfrutar dos sonhos que almejamos. Tenhamos equilíbrio e, com certeza, seremos felizes!

O empreendedorismo é fundamental para o crescimento de um país e todos deveriam ser empreendedores. Se não for para abrir uma empresa, que seja para tomar as rédeas da sua própria vida, ser um verdadeiro líder de si mesmo. Para empreender, temos que confiar nas nossas qualidades e naquilo que melhor sabemos fazer. Não podemos ter medo.

A palavra empresário geralmente é definida, nos dicionários, de forma muito geral, como aquele que organiza, administra e assume riscos de um negócio. É uma definição interessante, mas não representa o sentido mais profundo de se ter um negócio. Ou seja, para ser um empresário, é necessário ter um espírito empreendedor arrojado, ter força e determinação para assumir riscos.

Nesse sentido, uma das grandes chaves para o sucesso é a sabedoria, é enxergar a vida com os olhos de Deus. Alguns princípios são a base de toda cultura organizacional, de todo sucesso por trás de um empreendedor. Esses princípios podemos extrair da sabedoria bíblica, que pode muito bem ser aplicada ao mundo corporativo e diferencia uma grande empresa pelo seu olhar humanizado, pelos valores e propostas.

Então, seguindo esse pensamento, até mesmo um mendigo pode ter sucesso se aplicar os princípios bíblicos. Para ser um empresário de sucesso, devemos lembrar que o Rei Salomão, há 3 mil anos, quando assumiu o reino de Israel, pediu sabedoria ao Senhor para liderar seu povo. E esse desejo genuíno de ajudar aos outros, e não só a si mesmo, resultou em muito sucesso, e é uma verdadeira lição para empreendedores.

A motivação não pode ser só o dinheiro. Se for só isso, não vamos encontrar resultados perenes. Se estivermos pensando em agregar algo de valor para a sociedade, aí sim vamos alcançar sucesso, pois o foco é contribuir para um bem maior, para que todos vejam as bênçãos de Deus. O dinheiro é uma consequência desse processo.

Por isso, é importante ter um olhar atento, uma visão de águia para enxergar longe. Isso nos ajuda a crer em um planejamento estratégico para a eternidade, que é totalmente aplicável nos negócios para construir metas a longo prazo e ter resultados extraordinários. É olhar as oportunidades e abraçá-las com vontade e determinação.

A águia consegue enxergar longe.

Ter visão significa também te senso de direção. Vivemos em um mundo incerto, complexo e veloz. Todo o mercado é disruptivo, e a tendência é os ciclos de inovação serem cada vez mais curtos e dinâmicos. Então, ter sabedoria nos orienta para o caminho certo, sabendo para onde ir e tendo equilíbrio de todas as áreas da vida. Filipenses 4:6-7 vai nos alertar: "confiar em Deus em tudo, não andeis ansiosos por coisa alguma".

Nesse sentido, para que as coisas funcionem bem é muito importante ter equilíbrio emocional. Hoje vivemos em uma loucura, tudo é muito corrido, o que pode gerar estresse, ansiedade e outras patologias. Atualmente, as pessoas são contratadas pela sua capacidade técnica, mas são demitidas por seu comportamento. Ser criativo, resiliente, trabalhar em equipe, ouvir *feedback* são características comportamentais que devem ser cultivadas.

Devemos pedir sempre a Deus a sua proteção, para que possamos vencer os obstáculos, as dificuldades e limites, sejam eles físicos ou psicológicos. Quando buscamos a sabedoria no dia a dia, aquela que vem de Deus, criamos uma proteção contra coisas que nós não vemos, mas estão aí para nos desestabilizar, para nos tirar da paz. Por isso, é importante pedir a Deus muita sabedoria e discernimento na hora das decisões.

É imprescindível ter muita fé e convicção naquilo que acreditamos. Essa é a base para a construção da certeza e da fé. Muitos podem até não acreditar, ou achar que são coisas sem muita importância, mas a palavra de Deus é fiel e nos concede bênçãos incontáveis. Acreditar nos nossos sonhos é afirmar que, com Deus, podemos realizar o que desejamos.

O Salmo 37, versos de 3 a 5, diz: "confia no Senhor e faze o bem; habitarás na terra, e verdadeiramente serás alimentado. Deleita-te também no Senhor, e te concederá os desejos do teu coração. Entrega o teu caminho ao Senhor; confia n'Ele, e Ele o fará".

Quando confiamos no Senhor, o sucesso é certo. Deus recompensa aquele que n'Ele confia plenamente. Significa resultado na Terra e galardão no Céu, investir e confiar que Ele vai abençoar nossos planos. O importante é continuar a nossa caminhada, a nossa experiência, fazendo o nosso trabalho com excelência, ética e propósito, que no tempo de Deus as coisas vão dar certo.

A sabedoria vem de Deus.

A sabedoria da Bíblia pode nos fornecer muitos conhecimentos para os nossos negócios, para a nossa vida particular e familiar. A sabedoria vem de Deus, pois Ele a concede a quem se coloca na escuta de sua palavra. O Livro Sagrado nos dá vários exemplos de sabedoria. Sabemos que a sabedoria do homem é falha, limitada. Tiago 3:17 vai afirmar: "mas a sabedoria que vem do alto é, primeiramente, pura, depois, pacífica, moderada, tratável, cheia de misericórdia e de bons frutos, sem parcialidade e sem hipocrisia".

As pessoas que têm um bom proceder e colocam Deus como prioridade terão uma eternidade ao seu lado. Esses são os ensinamentos que a sabedoria nos traz como pessoas e como empresários, líderes de nós mesmos, para conquistar grandes frutos. Sabedoria pressupõe saber lidar com as situações, gerenciar bem os negócios e aplicar tempo aos sonhos.

Os grandes líderes têm muito em comum. Todas as pessoas bem-sucedidas que conhecemos em nossas vidas têm em comum a administração do tempo e a psicologia. São duas habilidades que todas as pessoas devem ter para obter resultados melhores na vida. Claro, outras habilidades são decorrentes dessas duas, como resiliência, autonomia, confiança, inteligência emocional, etc.

É preciso administração para saber cuidar bem dos negócios, saber onde precisa de mais recursos, cuidar dos investimentos e das relações. A psicologia nos ajuda no entendimento de nós mesmos, das relações e emoções. Ninguém vive sozinho, somos afetados pelas relações e emoções o tempo todo. Daí a importância de saber lidar com os desafios.

Para desenvolver muitos resultados, é fundamental ter uma boa administração e uma boa psicologia. Talvez você pode dizer que existiram gênios que não tinham uma boa psicologia e brigavam com todo mundo. Isso não é bem assim. Eles na verdade entendiam como motivar as pessoas. E pessoas são motivadas por propósitos. Elas podem ter gênio forte, mas têm um propósito igualmente forte e bem definido. Os líderes têm muito claro essas situações e tentam lapidar e tirar ao máximo dessas pessoas.

Quando se fala em sucesso, excelência e crescimento, tudo isso está resumido em uma palavra muito importante: tempo. O livro Gênesis fala da criação do tempo. Quando falamos de tempo, queremos falar sobre ter paciência para a realização das coisas. Tudo nessa vida tem um tempo. Eclesiastes 3 diz que "existe um tempo para cada coisa". Um empreendimento requer planejamento, decisões assertivas, tempo de dedicação e serviço, e de esperar os frutos ou lucros.

Na vida, devemos ter paciência para esperar. Milionários e bilionários fazem planos para dez, quinze, vinte anos. O tempo é matéria-prima da vida. A grande diferença entre pessoas de sucesso e pessoas de fracasso é que as de sucesso têm uma boa gestão do tempo. Já os fracassados gastam o seu tempo com coisas sem importância.

Ter boa gestão do tempo não é apenas saber que uma empresa abre tal horário e fecha tal horário. Gestão do tempo significa que, para que algo dê certo, precisamos investir o nosso tempo exclusivamente a isso. Não entramos na empresa no horário de abrir e nem vamos embora na hora de fechar. A gestão permite entender que o patrão é aquele que chega primeiro e sai por último. É isso que vai definir o sucesso ou o fracasso.

Em última análise, o sucesso e a felicidade de alguém está ligado a como essa pessoa utiliza bem o tempo. E aqui é importante ficar claro que tempo, nesse sentido, significa prioridades, ter graus de importância. Se a família é importante, quanto de tempo é preciso oferecer a ela? Se a empresa é importante, quanto de tempo é preciso dedicar-se a ela para fazê-la crescer? É tudo questão de equilíbrio.

Dessa maneira, o tempo é primordial dentro do capital físico e mental, o ativo mais importante que nós temos. O nosso maior capital é a nossa saúde, sem ela não se faz nada. Precisamos cuidar desse capital valioso e imprescindível para todo e qualquer sucesso, para fazermos toda a diferença em nossas vidas.

E para que possamos fazer isso, é necessário que tenhamos muito cuidado com a nossa saúde. Quando falamos de capital físico e intelectual, estamos falando necessariamente do uso do tempo, não temos como fugir.

Uma das características das pessoas de sucesso é o bom uso do tempo, e nas pessoas de fracasso é o mal-uso do tempo. Pessoas inteligentes são absolutamente ciumentas em relação ao tempo. Pessoas de sucesso geralmente são equilibradas, usam bem a razão e a emoção. E pessoas com pouco resultado perdem o seu tempo, não usam bem a razão e não exploram as emoções. Perdem o tempo com coisas fúteis, sem sentido para o desenvolvimento.

Ter sucesso é também desenvolver boas habilidades, como já foi dito, mas saber trabalhar com a razão e explorar as emoções. Além do mais, ter a empatia como princípio das relações, afinal, estamos lidando com seres humanos. Utilizar a razão e a emoção das pessoas para criar um ambiente favorável na troca de experiência e no engajamento das pessoas é de suma importância. Isso agrega valor e crescimento.

Nesse momento aqui é fundamental entendermos o nosso cérebro. Compreendamos que nós temos dois hemisférios, o esquerdo e o direito. Sabemos por que fomos feitos por dois hemisférios e não por um só: o direito trata das emoções e o esquerdo da razão. Os dois têm o mesmo tamanho, ou seja, temos que tocar a razão das pessoas e também a emoção.

As emoções são essenciais para a nossa sobrevivência. Elas afetam toda a nossa vida como, por exemplo, os nossos pensamentos, sonhos, relações sociais, decisões, enfim, tudo. Por isso, é importante conhecer as emoções e saber lidar com elas.

Também está relacionada com os estímulos que recebemos, tudo aquilo que nos afeta. De maneira gral, a palavra emoção deriva do latim e pode ser traduzida como "mover para fora". São sentimentos latentes que não podemos conter e, na maioria das vezes, resultam em alguma forma de expressão, podendo até causar efeitos físicos nos nossos corpos.

Podemos também entender a emoção, visando o aspecto do sucesso, como a vontade de vencer, crescer, ser feliz e de fazer acontecer. Quando escutamos uma música que nos faz feliz, ela toca o lado direito do cérebro. Na verdade, toca o nosso ser, por isso que muitas vezes podemos expressar o que ouvimos em uma música através do choro, risada, alegria ou tristeza.

Já por outro lado, quando fazemos uma conta de um contrato, é o lado esquerdo do cérebro que está sendo utilizado. É algo lógico, racional, puro. A outra coisa é mais abstrata. As maiores decisões desse mundo deveriam ter a combinação dos dois lados, mas muitas vezes as pessoas tomam decisões baseadas no lado direito, na emoção. E aí o prejuízo acontece, isso nos prejudica na maioria dos casos.

Mas, quando utilizamos bem a razão e a emoção, muita coisa boa pode acontecer. Temos a condição de inovar, criar possibilidades e novas maneiras de ver as coisas, iniciar projetos, trabalhar com questões complexas e administrar soluções, tudo com um toque de equilíbrio entre esses dois motores do nosso ser.

Um exemplo de criação, inovação e prosperidade é Salomão. Isso mesmo, o Salomão da Bíblia, que viveu há três mil anos e era filho do rei Davi. É uma história bem interessante, que tem uma mensagem muito importante sobre inovação. Salomão disse que os olhos nunca cansam de ver e os ouvidos nunca cansam de ouvir. Isso significa inovação.

Não há inovação sem perder algo.

A inovação nos impulsiona a criarmos aquilo que não existe, aquilo que faz com que avancemos e cresçamos nos nossos projetos, produtos, no nosso modo de viver e conviver. Há um princípio bem importante para inovar e isso nos dá mais força ainda para atingirmos o que almejamos. Esse princípio é saber que para ganhar é preciso perder alguma coisa. Não há inovação sem perder algo.

As pessoas sempre desejam coisas novas, basta ver o que temos hoje de acesso à tecnologia, a novos modos de produção e tipos diversificados de mercadoria. É algo impressionante esse mundo! Queremos sempre algo novo. E isso é interessante poque inovação tem a ver com avanço, desenvolvimento. Para inovar é preciso criar, fazer algo diferente. As pessoas são assim, sedentas por inovação e, por isso, estão criando o tempo todo.

Para inovar, é preciso criar algo diferente.

Para você construir um projeto de sucesso empresarial, com conceitos e ideias novas, é preciso inovação. As pessoas amam inovação. Deus é um criador, um inovador. No final da Bíblia, em Apocalipse 21:5 está escrito: "eis que faço novas todas as coisas!".

Criar é melhor que copiar, então, sejamos pioneiros, criadores de grandes projetos. Inspire e diga: - Vamos fazer! E faça. Isso é muito importante. Somos únicos nesse mundo, ou seja, somos originais. Peguemos o dom que Deus nos deu e apliquemos a nosso favor para criar coisas novas, diferentes. Somos "minicriadores". Não copiemos porque copiar não agrega, aquele que copia sai em desvantagem.

Claro que a prática de gestão e de técnicas podem ser modeladas, mas sempre seja original. As pessoas gostam de coisas originais. E você foi criado para criar algo muito original. As repetições não possibilitam desenvolvimento nem avanço, pelo contrário, elas fazem com que permaneçamos em um círculo vicioso muito prejudicial.

Nesse ponto, temos uma relação interessante entre inovação e sucesso. Originalidade e sucesso andam de mãos dadas. Tem uma frase interessante do escritor francês André Gide, premiado com o Nobel de Literatura, em 1947, que diz o seguinte: "não se descobre terras novas sem se consentir em perder de vista, primeiro e por muito tempo, qualquer praia".

A inovação e o sucesso possibilitam sair da área de conforto, daquilo que é sempre o mesmo e nos impulsiona a navegar em outros mares. Para quem navega, a terra firme é encontrar aquilo que até então era desconhecido. Isso significa que a inovação e o sucesso têm a ver em perder algumas convicções, alguns tipos de conhecimentos para encontrar algo totalmente novo.

Temos vários exemplos de ideias inovadoras que fizeram muito sucesso e que, no início, ninguém colocava muita fé. Um exemplo mais claro disso e que todos conhecem é a história de Steve Jobs (1955–2011), fundador da Apple. Ele foi um gênio, um visionário e teve muita perseverança. Steve Jobs foi praticamente expulso da empresa que ele fundou, mas não desistiu. Depois, ele criou outra empresa de grande sucesso e voltou para a Apple com muito prestígio. É uma história fantástica.

***

O sucesso é garantido por muito trabalho.

***

O sucesso é garantido por muito trabalho e esforço. Não dá para perder tempo. No topo, não há lugar para pessoas sem perspectiva, sem interesse. Somente aqueles que pagaram o preço de muita luta e dedicação podem estar lá. Não existe sucesso e inovação sem deixar a zona de conforto, ou até mesmo estar disposto a perder alguma coisa. Steve Jobs perdeu a empresa que fundou, mas depois conquistou-a novamente e com total prestígio.

Desejemos sucesso, pensemos em tudo o que contribui para alcançá-lo. Quando desejamos ter sucesso e realmente o almejamos, começamos a ter atitudes de campeão. Os campeões pensam diferente e têm atitudes diferentes, eles não desistem, portanto, vão em frente. Mas, também é preciso cuidado para não tomar decisões antes do tempo, que poderão levar os negócios a um caminho mais difícil.

Nesse sentido, a palavra de Deus em Eclesiastes 11:6 é uma luz para nós: "pela manhã semeia a tua semente, e à tarde não retires a tua mão, porque tu não sabes qual prosperará, se esta, se aquela, ou se ambas serão igualmente boas". Que palavra linda! É uma inspiração para todos nós que almejamos o sucesso verdadeiramente.

E para falar de sucesso, podemos pensar no grande mestre, Jesus Cristo. Ele disse algo importante que devemos compreender: "quando os olhos são bons, todo o corpo é bom, mas quando os olhos são ruins, todo o corpo sofre e padece" (Mateus 6:22,23). Muita coisa podemos aprender com esse ensinamento.

Os olhos revelam como enxergamos o mundo, se enxergamos oportunidades, conseguimos enxergar possibilidades. Se enxergamos coisas boas, elas acontecem. Então, o primeiro passo é enxergar o mundo com os olhos de alguém otimista, que acredita que tudo é possível e que o sucesso é real.

Esse é o primeiro passo, não importa a situação que estamos, o que importa é a situação a qual queremos chegar. É fundamental olhar para onde estamos e para onde queremos chegar. Para isso, é preciso ter clareza dos objetivos, propósito e confiança em Deus.

Saiba que inteligência não tem a ver com sabedoria porque o princípio da sabedoria é o temor a Deus. Há pessoas que não têm estudo acadêmico, mas demostram grande sabedoria. A sabedoria está muito ligada com a experiência da vida, com aquilo que é vivido de forma extensa e intensa.

Nesse sentido, o autor da Teoria da Evolução, Charles Darwin, tem algo nos ensinar. Segundo ele, não são os mais fortes nem os mais inteligentes que sobrevivem, mas os que se adaptam às mudanças. É uma ideia interessante para os negócios e para quem quer ter sucesso. Hoje, se não estamos abertos a novas tendências tecnológicas, vamos fracassar.

O mundo está em constante evolução. É preciso se adaptar constantemente, inovar tanto pessoal como profissionalmente. Pensemos em um profissional que não está ligado à internet ou à tecnologia, ou uma empresa que não está conectada ao mundo digital. Esta está fadada a não existir mais.

É importante que nós estejamos sempre muito conectados com tudo o que está acontecendo para acompanharmos as mudanças rápidas que acontecem no mundo. Ou seja, a tecnologia, a era do conhecimento, faz com que tenhamos um mundo muito mais dinâmico e rápido, onde tudo é mais automático. Utilizar de tudo isso para o sucesso também é sabedoria.

3.2 DEFENDA A SUA REPUTAÇÃO

Todos nós temos um nome a zelar, algo a preservar. A reputação contribui para o que somos e identifica a imagem que construímos ou estamos construindo. Preservar isso é fundamental para qualquer pessoa, principalmente para quem quer ter sucesso. Dificilmente confiamos em pessoas que não têm reputação ilibada.

Hoje, quando vamos fazer uma compra, a primeira coisa que a empresa faz é consultar se o nome está limpo, como se diz popularmente. Estar com o nome limpo é o mesmo que dizer: nesta pessoa podemos confiar. Ela honra com a palavra, com os compromissos e tudo mais, é de confiança.

Como diz a palavra de Deus, podemos confiar no Senhor, ele é fiel. Confiamos n'Ele porque Ele não falha, cumpre com as promessas. Os salmos vão dizer: "os que conhecem o teu nome confiam em ti, pois tu, Senhor, jamais abandonas os que te buscam" (Salmo 9:10). Esse é o princípio, confiar sempre.

A distância entre o falar e o fazer é a mesma distância entre o sucesso e o fracasso. O mundo está cheio pessoas que falam, falam, falam, mas fazem muito pouco. Muitas iniciativas acabam no meio do caminho, não prosperam. Não adianta só falar, á preciso agir com coerência e perseverança.

Falar é muito fácil, palavras são palavras, como diz o poeta. Agora o fazer, o realizar, o ter a insistência, isso realmente é para quem quer algo sério na vida. Que nós sejamos pessoas que falam menos e façam mais. Colocar a nossa vida na ação, na prática. Botar para fazer, fazer acontecer, quem realmente faz isso vê a transformação.

A transformação não vem pelas palavras e nem pela sorte, vem pela ação, dedicação e esforço de conseguir algo de bom. Sorte é um clichê que inventaram, o que existe é esforço, trabalho duro. Não esperemos pela sorte, mas confiemos no Senhor e trabalhemos para fazer acontecer.

Pode ser que a sorte exista em jogos como a Mega-Sena, ou algo do tipo. Aqui não preciso de muita coisa. Jogamos e esperamos acertar os números. Se der certo, ótimo, muito bom. Se não der, continuamos a vida. Na verdade, esse tipo de pensamento espera algo muito fácil, sem muito esforço. O sucesso, o zelo pelo nome e o cuidado com aquilo que conquistamos exigem muito esforço e menos sorte.

Podemos afirmar, de forma muito clara, que 99% de tudo o que fazemos na vida não depende da sorte, mas somente de nós. Ou seja, se formos contar com a sorte para termos sucesso na vida, para obtermos resultados concretos, nós iremos depender de fatores externos, de terceiros, de situações que não temos controle e isso é muito complicado.

Vejamos um exemplo interessante, mais ligado aos jovens. De repente um jovem tem um desejo muito grande de entrar na universidade. Ele sabe que no final do ano haverá vestibular e quer muito obter uma boa pontuação. Mas, ele não estuda para valer. Então, chega o dia do vestibular e ele vai fazer a prova contando com a sorte. Ele sabe que não levou a sério o estudo. Qual o resultado? Provavelmente, ele não vai passar.

É disso que estamos falando aqui. O sucesso não vem de graça, pois não se trata de sorte. Podemos dizer que o sucesso, o zelo pelo que temos e pelo nosso nome dependem da nossa garra, da nossa determinação e foco. Acreditamos que quando nos preparamos e colocamos muita dedicação, surge uma oportunidade. Aí efetivamente pode ser que um pouquinho sorte seja interessante.

Quando dizemos que a sorte é um clichê, é importante entendermos que sorte pressupõe preparo, dedicação, estudo e perseverança no propósito almejado. De repente, podemos pensar que nunca foi sorte de fato, mas Deus agindo para que as coisas acontecessem. Já pensou nisso? Talvez a sorte seja a lógica de Deus agindo em nosso favor.

Queremos conquistar as coisas e continuar conquistando-as. Queremos ter um nome de sucesso e preservá-lo, ter um nome que represente a nossa vitória. Os modelos de pensamento, a maneira como vivemos e decidimos, tudo isso faz diferença e nos mostra se somos vencedores ou perdedores.

Há diferenças entre perdedores e vencedores. O que os diferencia é a resiliência, a capacidade de persistir apesar das dificuldades. Os vencedores são destinados, obstinados ao sucesso e sabem que ao longo do caminho, ao longo da guerra, perdem-se algumas batalhas. E isso é normal.

Ao longo do caminho temos algumas dificuldades, temos problemas, só que não esmorecemos, nem desanimamos. Os vencedores seguem em frente, ao passo que os perdedores, nas primeiras dificuldades, param. Eles começam tantos projetos, eles têm iniciativa, mas não têm perseverança e não terminam nada. Precisamos agir como um vencedor, jamais devemos desistir dos nossos sonhos.

A única coisa que precisamos saber e aplicar para nos tornarmos uma pessoa de grande sucesso se chama sabedoria. Ela dá condições de ter todas as outras coisas. Com sabedoria tudo é possível, sem sabedoria nada acontece. Comentamos em outra parte do texto que sabedoria não significa inteligência, mas tem a ver com experiência.

A raiz da palavra sabedoria nos traz a ideia de "sabor". É isso mesmo, sabedoria tem a a ver com sabor. Estar no sabor das coisas, das experiências. Quando colocamos sabor às coisas tudo fica mais agradável. Uma comida insossa é muito desagradável. Não conseguimos sentir o sabor, tudo fica sem graça.

Por outro lado, existem várias versões para dizer o que é sabedoria. Alguns dicionários dizem que sabedoria é conhecimento, mais experiência acumulada, outros dizem que é maturidade, outros ainda que é discernimento entre coisas e pessoas. A Bíblia Sagrada diz que sabedoria é olhar com os olhos de Deus, é enxergar com os olhos de d'Ele, ouvir com os ouvidos de Deus e falar com a boca de Deus, ou seja, está relacionada à mentalidade do Senhor no nosso dia a dia.

Sabedoria significa usar com discernimento aquilo que recebemos de Deus. Como já foi falado, o nome representa um dom, a identidade profunda do ser, a história, a cultura, a linhagem de uma tradição ou família. Por isso, cuidar do nome é tão importante e revela o que somos de verdade.

Cuidar do nome é cuidar do que somos, pois essa é a nossa identidade. Isso revela as nossas características e nossos sonhos e vitórias. Mas, o nome também revela um potencial, aquilo que podemos fazer. O nome é uma direção, uma potência. Talvez tenhamos potencial para realizar coisas que nem sabemos, mas que com um *insight*, uma espécie de iluminação, descobrimos esse poder.

Vamos lembrar aqui uma história inspiradora que está na Bíblia e conhecemos muito bem. A história de Davi mostra como se desenvolve o potencial. Davi se achava sem capacidade, pois era muito pequeno, sem força e que não poderia vencer o grande Golias. Mas, Deus mostrou a ele sua força e seu potencial. E Davi utilizou toda a sua força para vencer Golias. E venceu!

Davi vence Golias.

Às vezes, não temos toda a força física de um gigante como Golias, mas podemos utilizar as armas da sabedoria, da inteligência e da razão para vencermos os desafios. Podemos utilizar o potencial que temos e que, às vezes, nem sabemos que possuímos, para encontrar o caminho da vitória, das conquistas. Nós temos muito potencial, não nos esqueçamos disso.

Quando estamos diante de um projeto podemos pensar: "será que vou dar conta, será que consigo?" Não devemos pensar dessa forma, mas com positividade e ter cabeça de vencedor e dizer: "eu consigo e vou fazer". Podemos crescer, ficar ricos, ser bem-sucedido, isso é possível.

É preciso acreditar que todas as pessoas têm o potencial de se tornarem ricas, todas estão determinadas a fazer alguma coisa que transforme o mundo a partir de suas qualidades, porque existe muito espaço no mundo. Existe muito recurso, o que falta, em alguns casos, não são pessoas com boas ideias, e sim pessoas determinadas a fazer algo até o fim. Aqui está a diferença.

O problema é que o sucesso não é uma linha reta, o sucesso é cheio de altos e baixos. Todo grande empreendedor já quebrou duas, três, quatro vezes. É impossível acertar sem errar.

Muitas pessoas acham que vão acertar, que o sucesso é uma linha crescente. Não, não é uma linha crescente. O sucesso é um processo de desenvolvimento.

O mais importante é andar na direção certa e saber que errar faz parte. Se errarmos, vamos corrigir a direção. Perguntaram a Sócrates, lá na Grécia Antiga, como se fazia para chegar ao Monte Olimpo. Sócrates disse que era preciso que cada passo estivesse na direção certa. Claramente, estar na direção certa não significa que quanto mais corremos, melhor.

Não estamos falando de velocidade. Sócrates nos dá uma dica valiosa, muito fundamental para cuidar, zelar o nome e crescer. A vitória, o sucesso, as conquistas podem demorar um, três, cinco ou dez anos, se estivermos no caminho certo, com certeza conseguiremos atingi-los. Aqui está a maior diferença. O problema está quando queremos tudo muito rápido demais.

Às vezes, abrimos algo e já pensamos em ser milionários no primeiro mês, aí fica difícil. Mas, como ensina Sócrates, é preciso estar no caminho certo. Não desistir e caminhar sempre. É fácil? Não. Se fosse fácil todos seriam ricos. Mas, não é bem assim. É preciso ter direção, foco, perseverança e vontade de não parar.

Nesse sentido, podemos dizer que a direção certa é se especializar no que se deseja ser. Conhecer a fundo o ramo que se quer seguir. Não importa qual, é preciso conhecer bem todos os caminhos que nos colocam nessa direção. Apliquemos o conhecimento que precisamos para chegar aonde queremos. Isso é estar na direção certa.

Outra coisa bem importante nesse tema é o autoconhecimento. Estar na direção certa exige autoconhecimento. É através dele que conseguimos enxergar quem somos de verdade, o nosso nome e tudo o que representamos. Ou seja, é a capacidade de se autoconhecer e saber quais são as qualidades, os pontos fortes e negativos, quais são as deficiências e as potencialidades que temos.

Existe uma frase muito famosa do filósofo Sócrates que diz: "conhece-te a ti mesmo". Essa frase é espetacular, diz muito sobre aquilo que precisamos aprender. Ela indica o caminho que a filosofia ainda hoje entende ser necessário para viver uma vida mais feliz e plena: o autoconhecimento. A pessoa precisa conhecer suas dificuldades, anseios, crenças e valores para aprender a lidar com as dificuldades naturais da vida, e conseguir tomar as decisões adequadas.

Outro pensador que nos aponta nessa mesma direção é Isaac Newton, um grande filósofo. Ele tem uma frase que diz o seguinte: "é mais importante conhecer a si próprio do que todas as maravilhas do universo". Praticar o autoconhecimento, conhecer a nós mesmos, saber das nossas qualidades, defeitos, daquilo que temos que melhorar e desenvolver, daquilo que precisa ser aprendido para fazer a diferença no mundo, isso com certeza faz a diferença no sucesso, nas conquistas.

O que pode nos ajudar muito nesse autoconhecimento é a psicologia. É uma área que devemos ter presente em nossa trajetória. Ter conhecimento de psicologia nos ajuda muito em nosso processo de decisão, de troca de experiência, de relacionamento, de empatia e, algo fundamental, do conhecimento dos comportamentos e emoções.

Claro que tudo esse processo não é fácil e não se dá de uma hora para a outra. Exige tempo, compromisso e resiliência. Sair da zona de conforto não é fácil. O ser humano quer o mais agradável e simples, tudo o que não exige esforço. Todo muno quer ter sucesso, mas nem todos estão dispostos a levantar de madrugada para alcançá-lo.

3.3 SAIR DA ZONA DE CONFORTO

Todo mundo quer um corpo sarado, mas nem todos estão dispostos a treinar na academia todos os dias. É preciso sair da zona de conforto e buscar as metas que queremos. O mundo não para, se não fizermos, outros vão fazer e até com mais competência. Sair da zona de conforto é mudar de hábitos, de pensamento e estilos.

Saia da sua zona de conforto!

Confúcio, filósofo chinês do século IV a.C., já dizia: "o que não muda não cresce, não aparece, não permanece". Querer ter sucesso com a cabeça de preguiçoso não dá. Querer passar no vestibular e não estudar, aí fica difícil. Querer ser um grande empresário, mas não conseguir chegar no horário na empresa, também não dá.

São coisas pequenas que exigem mudanças. É preciso mudar sempre, adaptar-se a tendências e necessidades do mundo contemporâneo.

É preciso se capacitar, ter vontade de mudar e conhecer sempre mais. É com essa mentalidade que as coisas começam a crescer e a mudar.

Temos que saber lidar com as pessoas, ter inteligência emocional para lidar com uma série de situações. Entender que as pessoas, as motivações, as culturas e os pensamentos são diferentes, e que podemos aprender com cada situação e com cada pessoa, pois quando somamos energia as coisas tendem a dar certo.

Na verdade, ninguém é melhor que ninguém. Estamos aqui para aprender e podemos aprender muito com cada pessoa. Somos queridos por Deus e podemos vencer. O nome nos lembra a nossa ideia e potencialidade. A Bíblia diz que o nome de uma pessoa é mais precioso que prata e ouro. Que o nosso nome seja abençoado e o que dissermos se cumpra. Isso é a verdade e com o nome podemos ter muito sucesso.

Diz na Bíblia Sagrada que nunca um justo, uma pessoa correta, foi vista sendo desamparada e mendigando o pão. Quem confia e age com prodigalidade é abençoado. As pessoas generosas são abençoadas, porque quem abençoa as coisas e as pessoas, também é abençoado.

Ser generoso traz uma alegria extraordinária. Assim afirma a Palavra de Deus: "em tudo que eu fiz, mostrei a vocês que mediante trabalho árduo, ou trabalho duro, devemos ajudar os fracos". Ainda lembrando as palavras do próprio Senhor Jesus: "a maior felicidade está em dar e receber" (Atos 20:35).

O coração humano foi feito de tal maneira que há muito mais vantagem e alegria em dar do que em receber, porque quando damos alguma coisa é sinal de bênção. É sinal de que somos abençoados e podemos ajudar as pessoas. Existe um Deus que rege todo o universo, existem leis universais do sucesso.

Tudo isso tem a ver com o nome que queremos cuidar, com a nossa reputação, como que queremos construir. Seguir as leis de Deus, aquilo que é o mais correto, nos ajuda a sermos mais coerentes e honestos, a fazer o que agrada a Deus. Não adianta querermos zelar a nossa reputação e não sermos éticos, agirmos de má fé, sempre querendo tirar vantagem. Isso não agrada a ninguém, só nos prejudica.

Vamos pegar outro exemplo. Imaginemos que estamos na estrada e um policial nos para. Ele começa a olhar o carro, nota que há irregularidades e toma a atitude de nos multar. Logo chamamos o guarda de canto e pedimos para ele aliviar a multa e oferecemos um dinheiro. Isso com certeza não é o mais correto. E podemos até pensar: "aqui ninguém sabe quem eu sou".

Essa atitude não é muito desonesta e perigosa. Não estamos honrando o nosso nome.

A lei de Deus pede que sejamos honestos e coerentes, pois "quem é fiel no pouco, também é fiel no muito, e quem é desonesto no pouco, também é desonesto no muito" (Lucas 16:10). Então, é preciso ser responsável, ético e correto. Sendo correto a bênção de Deus será presente em nossa vida, e o resultado será a felicidade e toda prosperidade.

Para todo efeito tem uma causa. Se de repente estamos colhendo coisas que não queremos, talvez tenha algo que fizemos no passado que não estava bem ajustado. Pode ser alguma decisão errada ou não muito bem planejada. Isso é apenas efeito de alguma coisa. Ou seja, teve uma causa para desencadear esse efeito.

Quando vamos ao médico por causa de alguma situação desconfortável, ele examina e logo receita o medicamento. A ideia é tomar os remédios para cortar os efeitos do que estamos sentindo. Mas, é preciso descobrir a causa do que estamos sentindo. Se a temperatura do corpo aumenta, significa que estamos com alguma infecção. É preciso descobrir o que está causando a febre.

Claro que de imediato é importante tomar remédio, até porque isso vai aliviar a dor e os sintomas. A febre indica que tem algo que não está legal com nosso corpo, algo estranho e é preciso fazer alguma coisa. Mas, para alcançar a cura é preciso saber a causa. É preciso investigar, fazer exames detalhados para saber o que está acontecendo.

Então, pessoas querem mudar os efeitos, mas sem mudar a causa. É importante descobrir quais foram as causas que levaram estar onde nós estamos agora. Conhecendo as causas mais a fundo, podemos mudar os efeitos e dar uma resposta diferente às situações que surgem. Às vezes, o problema está quando só tratamos os efeitos e esquecemos de tratar a causa. Tratar só os efeitos não traz resultado, pois o problema vai voltar.

Talvez muitos problemas aconteçam porque não conseguimos identificar as causas de forma correta. É preciso investigar, rastrear, procurar entender o que possibilita encontrar tal resultado ou situação. Quem sabe se aproximar de pessoas que entendam melhor sobre o assunto, que temos como referência e que possam nos ajudar a compreender os efeitos que estamos tendo na vida.

Em tudo o que fazemos, existe uma causa e um efeito. A vida é feita de causa e efeito. Alguns chamam isso de lei da causa e efeito, que nada mais é do que a ideia de que se fazemos algo, alguma coisa vai acontecer como consequência. Para simplificar, podemos utilizar o exemplo da plantação. Se plantamos alguma coisa, esperamos colher os frutos.

Não podemos plantar banana e esperar colher manga assim como não podemos plantar caju e esperar colher uva. Colhemos aquilo que plantamos. Não dá para plantar discórdia e colhermos paz. A lei da causa e efeito na agricultura tem a ver com plantar e colher, na física ela é chamada de lei da ação e reação. Se não estudarmos para a prova, não vamos passar no concurso. Se xingarmos alguém, isso será revidado. Ou seja, toda ação provoca uma reação. Tudo na vida tem uma ação e uma reação.

Então, isso significa que na física temos a ideia de ação e reação, na agricultura é plantar e colher, e na vida é a lei do semear. A primeira lei importante para as pessoas é a lei universal da realização, que pode ser interpretada como a lei da ação e reação, lei do plantar e colher, lei da causa e efeito. Para todo efeito existe uma causa. Mudando as causas, vamos mudar também os efeitos.

Dentro dessa perspectiva, outro ponto importante é a mente. É isso aí. Até nas escrituras sagradas consta que nós somos aquilo que pensamos na maioria do tempo. Tem gente que perde tempo só pensando em bobagem, em coisas que não levam a lugar nenhum.

Têm pessoas que passam o tempo conversando trivialidades e não pensando em desenvolver projetos para melhorar suas vidas, muitas vezes ficam se lamuriando, reclamando. Não podemos esquecer que nós somos aquilo que nós pensamos na maioria do tempo!

Se pensarmos a maior parte do tempo em coisas ruins e difíceis, em problemas e desgraças, vamos atrair isso para a nossa vida. É preciso pensar coisas positivas, colocar na nossa cabeça coisas boas. A nossa mente tem cinco sentidos, que levam informações para dentro, os principais são visão e audição. Quando visualizamos e ouvimos coisas boas, levamos coisas boas para dentro da nossa cabeça para que sejam processadas.

Se analisarmos bem, esses sentidos são dois sensores, apesar de haver outros que são fundamentais para a nossa vida como paladar, tato e olfato. Mas, a visão e a audição são importantes para processarmos coisas boas na mente. As pessoas de sucesso usam bem a cabeça para criar projetos, para desenvolver coisas que impactam a humanidade.

A lei da equivalência mental afirma que da mesma maneira que estamos por dentro, devemos estar por fora. Ou seja, assim por dentro, assim por fora. Quando olhamos a vida de uma pessoa toda bagunçada, sabemos que a cabeça dela é toda bagunçada porque a vida externa reflete o que está por dentro.

Se queremos organizar a nossa vida externa, organizemos a nossa cabeça primeiro, aquilo que é interno. É um reflexo, o que está interno reflete diretamente no exterior. Vamos imaginar, por exemplo, um prédio. Existem duas criações sempre nesse mundo, a criação mental e a criação física. Antes de você criar no mundo físico, você tem que criar no mundo mental.

Não dá para imaginarmos um prédio sendo construído sem uma planta, sem um projeto pensado. Se isso acontecesse, seria um desastre. E por quê? Porque é necessário que o engenheiro ou arquiteto pense sobre o projeto, estipulando qual a melhor maneira de fazer, qual o melhor material, etc. É preciso ter o projeto na cabeça para depois ir para a prática.

Fazendo relação com a nossa vida, em como podemos mudar as coisas e as estratégias, as metas e os objetivos devem estar claros e alinhados para todos os envolvidos; se não temos nada em mente, nenhum projeto, nenhuma ideia, não atingiremos o resultado previsto. Há uma passagem do evangelista Lucas bem interessante: "qual de vocês, se quiser construir uma torre, primeiro não se assenta e calcula o preço, para ver se tem dinheiro suficiente para completá-la? Pois, se lançar o alicerce e não for capaz de terminá-la, todos os que a virem rirão dele, dizendo: 'Este homem começou a construir e não foi capaz de terminar" (Lucas 14:28-30).

Ter clareza nos objetivos e não desanimar.

É muito importante que saibamos definir o que queremos para a nossa vida em cada área, após mentalizarmos o que nós queremos, devemos trabalhar para que isso se realize da melhor forma possível. Momentos difíceis vão surgir, mas se temos claro em nossa mente o que queremos, tudo vai ser passageiro. Não podemos viver uma vida caótica, um dia após o outro, sem ter certeza do que queremos. É importante buscarmos referências, mentoria para nos ajudar em cada área.

Uma ideia interessante também, dentro do que estamos conversando, é a lei da correspondência. Há uma correspondência no mundo em relação a nós como pessoa e essa correspondência basicamente atua em áreas importantes da vida. A primeira coisa é sobre atitude, as suas atitudes.

As suas palavras e a sua linguagem estão muito ligadas com a correspondência, com as pessoas com quem caminhamos. Isso significa que quem caminha com gente que fala gíria, com quem não leva a vida a sério, vai adquirir hábitos semelhantes.

As más companhias levam qualquer ser humano à ruína, pode transformar a vida de uma pessoa honesta em um grande fracasso. Em Provérbios 13:20, está: "aquele que anda com os sábios será cada vez mais sábio, mas o companheiro dos tolos acabará mal". Outra passagem interessante de Provérbios 22:24-25 diz: "Não se associe com quem vive de mau humor, nem ande em companhia de quem facilmente se ira; do contrário você acabará imitando essa conduta e cairá em armadilha mortal".

Essas palavras bíblicas nos levam a pensar sobre os relacionamentos. As pessoas iguais tendem a se aproximar, estar sempre próximas. Os opostos só se atraem na física, mas na vida real, não. Pessoas boas querem andar com pessoas boas, e pessoas que não tem índole andam com pessoas que não tem índole. É a correspondência, as pessoas procuram se associar àquelas que realmente têm uma linha de pensamento parecido.

Para Aristóteles, filósofo grego do século IV a.C., a virtude era o caminho do meio, ou a justa medida. Encontrar a justa medida naquilo que fazemos. Não são os excessos, mas o equilíbrio. Nesse sentido, uma pessoa corajosa não é aquela que enfrenta tudo, sem medo, e nem aquela que não enfrenta nada, que tem muito medo. A justa medida aqui de uma pessoa corajosa é a ponderação, o discernimento diante das situações, para que assim a melhor escolha seja feita.

Para Aristóteles, a virtude é o caminho do meio.

Uma coisa é certa, o mundo premia as pessoas que são responsáveis, que têm virtudes. Dá para confiar em alguém dirigindo bêbado? Pegaríamos um carro por aplicativo de transporte nessa situação? Com certeza não. Ter responsabilidade significa que temos compromisso, agimos com consciência, com verdade e vamos honrar com tudo o que buscamos. Uma pessoa que não entrega o resultado que prometeu não é confiável. Não dá para confiar em quem chega sempre falta ou chega atrasado no serviço.

Portanto, a identidade de uma pessoa, o nome dela, facilmente pode ser associada à ideia de responsabilidade ou de irresponsabilidade, de virtudes ou vícios. Quantas vezes ouvimos: tal pessoa é responsável, ou não podemos contar com fulano, pois ele é muito irresponsável. Ciclano é ótima pessoa, podemos contar com ele, e por aí vai. Ou seja, o mundo exige de nós virtude, ética, responsabilidade e compromisso, enfim, exige autenticidade, ou seja, uma boa reputação.

3.4 EMPODERAMENTO FEMININO

Ouvimos muito, em nossos dias, sobre empoderamento, principalmente feminino. É uma questão muito importante e que deve ser discutida e refletida com muita atenção. Se falamos de empoderamento feminino quer dizer que nem sempre as mulheres foram ouvidas ou tiveram participação ativa na sociedade. Precisamos pensar em uma visão de mundo no contexto social que estamos inseridos e a visão bíblica para tal conceituação.

Mas, já de antemão, é necessária uma definição para que não haja dúvida do que estamos afalando aqui. De modo geral, o verbo empoderar se refere ao ato de dar ou conceder poder para si próprio ou para outrem. Ou seja, é o ato de se reconhecer com poder, ou reconhecer que uma pessoa ou grupo tem, ou deveriam ter, seus direitos reconhecidos plenamente.

Mulheres lutando pelo empoderamento feminino.

Isso nos coloca dentro de uma percepção muito nova, mas também de um problema muito antigo. É de se reconhecer que nos dias atuais as mulheres vêm, a cada dia, dando passos largos nesse reconhecimento de direitos e de respeito. As mulheres estão conquistando o seu espaço na sociedade, participando de forma ativa nas mais variadas discussões. Mas, nem sempre foi assim.

Podemos ver, pela história, que a conquista que as mulheres alcançaram em nossos dias é fruto de muita luta e bravura. Claro que a luta continua e muito ainda tem que ser feito. Mas, já houve muitos avanços nessa questão. Em muitos aspectos, a visão bíblica, pelo menos numa visão simplista, caminha na contramão do sistema que rege nossa sociedade. Algumas interpretações religiosas colocaram a mulher como um ser inferior ou dependente do marido.

São interpretações que atravessaram séculos e que trouxeram um enorme prejuízo para as mulheres, principalmente na questão do empoderamento. A visão religiosa influenciou a perspectiva social, não eram coisas dissociadas. A visão social está voltada para grupos sociais que representam minorias e à necessidade de um posicionamento para uma maior visibilidade e luta por direitos.

As mulheres representam um desses grupos que no curso da história vêm buscando um lugar em todas as esferas sociais, ou seja, na política, na economia, entre outros. Elas lutam por reconhecimento de direitos. Hoje em dia, não podemos achar que as mulheres devem ficar em casa somente cozinhando e cuidado dos filhos. Isso é não é mais concebível.

Talvez essa ideia tenha perdurado devido à interpretação religiosa. Mas, a ideia aqui é mostrar que podemos encontrar algo bem interessante na Bíblia sobre esse tema. Podemos encontrar fundamentos de que a mulher tem um papel fundamental na história humana e merece todo respeito.

Em Gênesis 1 e 2, podemos encontrar duas interpretações distintas da criação. Gênesis 1 traz uma interpretação, e Gênesis 2, outra. São duas narrativas que foram escritas em períodos diferentes. Nelas residem toda a diferença de visão entre homem e mulher. Vamos ver que muito do que perdurou durante os séculos tem raiz nesses versículos.

Gênesis 1:27 afirma: "e criou Deus o homem à sua imagem; à imagem de Deus o criou; homem e mulher os criou". Deus nos fez iguais, sem diferença alguma, homem e mulher. Essa passagem é linda e importante porque a mulher está em pé de igualdade com o homem. Ninguém é maior ou menor. Deus nos criou e basta.

Em Gênesis 2:7-25, a história é diferente. Primeiro Deus criou o homem do barro e depois, vendo que homem precisava de uma "auxiliar" (aqui as traduções variam muito, umas falam de companheira, outras de ajudadora, etc.), criou a mulher da costela do próprio homem. É uma diferença muito grande da primeira narração para a segunda. E isso com certeza deu margem a interpretações de que a mulher fosse apenas uma "auxiliar".

O nosso foco aqui é termos consciência de que somos iguais, que tanto o homem como a mulher são chamados ao sucesso. A mulher tem o seu espaço e merece todo respeito e reconhecimento. O poder feminino parte dessa compreensão fundamental, que não existe diferença, ambos os sexos devem ter as mesmas oportunidades.

É importante dizer que à luz da Palavra de Deus, todo poder que existe na Terra vem d'Ele, que é a fonte de todo poder e sabedoria. Deus reveste homem e mulher de poder, e podemos usar isso para o crescimento ou para a destruição. Vai depender de como escolhemos viver as Leis do Altíssimo. Um poder é sempre outorgado com um propósito.

O parâmetro para o empoderamento feminino de acordo com a sociedade contemporânea, via de regra, são os homens. Profissões que só os homens assumiam, agora as mulheres podem assumir. As mulheres podem ter participação na política, inclusive aqui no Brasil tivemos uma presidente mulher. Títulos e salários que só eram alcançados por homens, elas podem alcançar, não existe mais essa barreira.

Hoje nada é barreira, pelo menos não deveria ser, para as mulheres. Elas estão em pé de igualdade com os homens em todos os setores da sociedade. E, às vezes, fazem muito melhor que os homens. Um exemplo disso é o trânsito, segundo pesquisas feitas recentemente, o índice de acidente com mulheres dirigindo é muito menor do que com homens (BRASIL, 2021). Não é à toa que o seguro de carro para homens é bem mais caro do que para mulheres.

As mulheres têm muito espaço. Hoje elas são diretoras, presidentes, chefiam grandes projetos, conquistaram espaço e fazem seus trabalhos com muita excelência. Claro que ainda temos algumas ideias machistas e preconceituosas. Mas, o importante é tomar posse daquilo que nos pertence, daquilo que é possibilidade de crescimento. Hoje, não dá para aceitar a ideia de que as mulheres não têm competência. Pelo contrário, elas se mostram mais eficientes do que os homens.

Houve avanços importantes, mas não dá para negar que mesmo com esses avanços as mulheres ainda têm uma sobrecarga muito grande, duplas jornadas. Elas trabalham fora e trabalham em casa. A maioria tem que dar conta de todo o serviço do lar como lavar, passar, etc. Mas, como foi falado, o sucesso é para todos, a felicidade é para todos.

Nesse sentido, vamos olhar para o nosso mestre maior, Jesus Cristo. Ele passou pelo mundo fazendo o bem e dá todo poder, empoderando homens e mulheres sem distinção, que antes não tinham nenhuma visibilidade nem direitos. Somos empoderados a partir da posição de filhos de Deus. Como seus discípulos, fomos empoderados a realizarmos as obras que Ele realizou e obras maiores ainda.

A Bíblia está repleta de passagens de empoderamento das mulheres, onde fala do seu valor e do respeito que merecem. Em Provérbios 31:10, encontramos a seguinte passagem: "mulher virtuosa quem a achará? O seu valor muito excede ao de rubis". Provérbios 14:1 afirma algo muito bonito, de que a mulher tem poder.

Poder para construir e para destruir. Podemos ver isso desde o Gênesis e tantas outras passagens. Deus deu à mulher algo de especial. Se ela tem poder, ela influencia, cria e faz diferença para construir um mundo fantástico e belo. Com certeza, o mundo seria um pouco estranho sem as mulheres.

No tempo de Jesus, a realidade da mulher era muito difícil, ela havia sido destituída do seu valor maior por uma simples visão machista. Era o contexto daquela época, mas Jesus traz de volta à mulher a sua posição de criação e a trata com igualdade, dando a ela respeito e valor. Isso é belo e profundo. Deus revestiu a mulher de muito potencial.

_____

Uma mulher empoderada por Deus é uma mulher que entende o seu valor.

_____

Uma mulher empoderada por Deus é uma mulher que entende o seu valor, reconhecendo a identidade de filha amada de Deus, herdeira, cidadã do reino e que não abre mão de nenhuma das características que a tornam mulher. Ela tem beleza, delicadeza, poder e é repleta de feminilidade. Deus conta com a mulheres.

Nesse sentido, podemos dizer que a mulher pode e deve fazer sucesso, deve seguir uma vida de empoderamento, assumindo lideranças, chefias e tudo mais. Não existe limites e nem barreiras para as mulheres, pois o céu é o nosso limite. É lindo ver as mulheres fazendo grandes projetos, tomando frente de grandes cargos e lutando para conquistar, cada vez mais, respeito e direitos.

Quem confia no Senhor encontrará todo o bem e toda a glória. Para isso, é importante não reclamar da vida ou do que ainda está faltando, mas buscar aquilo que nos pertence e ir atrás das grandes vitórias. Basta confiar que podemos realizar o que queremos. Por isso, é preciso dizer: mulheres, não tenham medo, busquem a vitória, sejam felizes e empoderadas.

A partir disso tudo, é importante falarmos da compensação. A vida é uma compensação, é um jogo de soma zero. A vida é uma balança, colocamos aqui e ali, mas é uma balança que equilibramos para que todas as coisas fluam bem. Quando falamos de compensação, temos que ter em mente que tudo o que fazemos será compensado.

Nem tudo sai como nós esperamos, mas quando fazemos bem e com dedicação, a recompensa vem. Todas as nossas ações geram uma recompensa. Quem planta coisas boas, colhe coisas boas. Mas, as recompensas nem sempre vêm de maneira direta. Às vezes, podem vir indiretamente.

Nada abençoa mais a nossa vida do que servirmos ao nosso semelhante. Quando servimos alguém, depois alguém vem e nos serve. Isso é universal. Fazemos aqui e ganhamos de diversas maneiras. O importante é servir. Em Hebreus 6:10, há algo bem interessante: "Deus não é injusto; ele não se esquecerá do trabalho de vocês e do amor que demonstraram por ele, pois ajudaram os santos e continuam a ajudá-los".

A dedicação leva à recompensa.

Deus não se esquece daqueles que servem, Ele é justo e recompensará a todos. Dessa maneira, o esforço é importante, pois direciona o servir para aquilo que é importante. O esforço tem que ser direcionado para não perder. Muitas pessoas, esforçam-se a vida inteira e não têm resultado ou o resultado é pequeno.

Vamos imaginar que precisamos cortar uma árvore. Para não perdermos tempo, usamos um machado ou uma máquina elétrica? Com certeza uma máquina elétrica, pois poupa tempo e podemos concluir o serviço de maneira mais rápida. Mas, suponhamos que não sabemos manusear a máquina. Com certeza, o serviço vai ficar mais complicado e vai demorar muito.

Agora, vamos fazer um paralelo com essa história. E se a máquina fosse uma oportunidade dentro de uma empresa, uma oportunidade tão sonhada, mas que por motivos de falta de conhecimento estaríamos impossibilitados de concorrer a ela. Ou seja, é preciso aproveitar todas as oportunidades que surgem, não podemos parar.

As mulheres lutam pelo empoderamento porque elas, na realidade, podem fazer de tudo. Podem estudar, trabalhar, fazer cursos e tudo mais. Nada as limita. Porém, podemos encontrar mulheres que pensam: "ah, já estudei o suficiente, não preciso mais"; "ah, está bom do jeito que está"; "ah, crescer para quê?". Esses pensamentos são de pessoas que se limitam.

Se tivermos oportunidade de crescermos mais, vamos crescer. Podemos mais e não podemos nos contentar com pouca coisa. Deus nos criou para muito mais, para coisas grandiosas. E Ele espera isso de nós. É preciso ter inteligência e aproveitar ao máximo. Uma coisa atrai a outra.

É isso que vai fazer a diferença. Aproveitar as oportunidades e não perder tempo reclamando. Tem uma frase de Mario Sérgio Cortella que é espetacular, diz o seguinte: "faça o seu melhor, na condição que você tem, enquanto você não tem condições melhores para fazer melhor ainda". Ou seja, vamos fazer com que temos mãos até surgir oportunidade melhor.

Nesse sentido, empoderamento tem a ver com ação, com fazer algo para mudar as condições que temos hoje. Se queremos fazer, podemos! Várias mulheres fizeram grandes coisas nas condições que tinham, tentando dar o melhor e contribuir para a humanidade. São muitos os exemplos e isso faz pensar que podemos fazer grandes coisas.

Alguns nomes importantes da ciência: Marie Curie contribuiu com grandes descobertas na física e química. Patricia Bath criou tratamentos para cataratas, é uma história bem interessante. Katherine Johnson trabalhou por muitos anos na NASA. Wangari Maathai recebeu o prêmio Nobel da Paz em 2004. Malala Yousafzai luta pelo empoderamento por meio da educação, ela recebeu o prêmio Nobel da Paz em 2014, com apenas 17 anos.

Esses são exemplos de sucesso, engajamento e vitória. Mas nada é por acaso, tudo isso exige muito esforço e luta, perseverança e resiliência, e ainda confiança em Deus. A ideia de sucesso traz esse histórico, traz força de vontade e de vencer e vai mostrar que as mulheres podem muito mais do que imaginam.

A mais sublime criação é o homem. E todo o empreendimento se resume a pessoas (homens e mulheres). Pessoas se relacionam com pessoas, crescem com pessoas. Negócios são feitos com pessoas. Faça como Jesus, que deu a vida pela humanidade. Temos que nos dedicar às pessoas, as experiências, aos nossos funcionários, aos nossos clientes, nossos fornecedores. A tudo aquilo que nos leva ao sucesso. Essa é a verdadeira riqueza de uma empresa.

Trabalhe pelas pessoas!

É imprescindível ter muita fé e convicção naquilo que acreditamos. Essa é a base para a construção da certeza e da fé. Muitos podem até não acreditar, ou achar que são coisas sem muita importância, mas a palavra de Deus é fiel e nos concede bênçãos incontáveis. Acreditar nos nossos sonhos e afirmar que com Deus podemos realizar o que desejamos.

Quando confiamos no Senhor, o sucesso é certo. Deus recompensa aquele que n'Ele confia plenamente. O importante é continuar a nossa caminhada, a nossa experiência, fazendo o nosso trabalho com excelência, com ética e propósito, que no tempo de Deus as coisas vão dar certo. Não deixar de acreditar jamais.

3.5 O SUCESSO É GARANTIDO POR MUITO TRABALHO E ESFORÇO

O sucesso é garantido por muito trabalho e esforço. Não dá para perder tempo. No topo não há lugar para pessoas sem perspectiva, sem interesse. Somente aqueles que pagaram o preço de muita luta e dedicação podem estar lá. Não existe sucesso e inovação sem deixar a zona de conforto, ou até mesmo estar disposto a perder alguma coisa.

Em Provérbios 20:13, encontramos: "não ames o sono, para que não empobreças; abre os teus olhos, e te fartarás de pão". Quem só fica pensando e não age, não faz e nem cria nada. Se você quer antecipar, adiantar sua vida, quer fazer dez anos em um só, cinco anos em um só, é preciso acreditar e sair zona de conforto. Todos nós estamos nesse mundo para ter uma vida de grande realização e sucesso. Basta acreditar.

Não sejamos pessoas que apenas sonham, mas que, com determinação e vontade, procuram colocar os sonhos em prática. Também não adianta somente sonhar, é preciso colocar em prática, tirar do papel e trabalhar duro para que os sonhos aconteçam.

"Quem observa o vento, nunca semeará, e o que olha para as nuvens nunca segará" (Eclesiastes 11:4).

04

LIDERANÇA *VERSUS* PODER

Muito se fala sobre a liderança no mundo dos negócios, mas nós sabemos que o maior projeto de liderança no mundo é o projeto das nossas vidas. Como falar de liderança sem falar do grande projeto chamado "Você S.A."? O grande projeto chamado você, eu e todas as pessoas. Diríamos que nesta curta estadia aqui na Terra, nosso projeto de liderança pessoal pode fazer uma grande diferença na nossa vida e na vida das pessoas que caminham conosco.

Para falar sobre liderança, vamos falar um pouco sobre o que ela é. Basicamente, a liderança significa nós sermos responsáveis por fazermos algum projeto, ir adiante, isto é, liderar. Nós sempre falamos que nós somos os grandes líderes da nossa vida, porque somos nós que a faremos caminhar. E falamos também que um grande líder precisa cuidar das sete áreas da vida: pessoal, profissional, familiar, social, financeira, cultural e espiritual.

Segredos do Poder

Liderança.

A vida é como aquele chinês que equilibra sete pratos e bate em todos eles, até que chega ao último deles e ele então percebe que o primeiro está prestes a cair. Assim, nós seremos grandes líderes se conseguirmos equilibrar as sete áreas da nossa vida.

Sendo assim, antes de falarmos sobre nossos projetos empresariais, é importante dizer sobre a importância de sermos grandes líderes da nossa vida pessoal, porque esse balanceamento irá nos ajudar no empreendimento, no mundo dos negócios. Uma vida desbalanceada prejudica em todos os aspectos, então, antes de qualquer coisa, nós temos que ser os líderes de nossas vidas para que o projeto "Você S.A." seja um grande sucesso.

Saindo do campo pessoal, nós entramos no campo corporativo dando de cara com os erros mais cometidos pelos líderes e logo nos deparamos com o primeiro deles que é não ter uma estratégia. Vamos falar mais sobre o que é estratégia e por que precisamos ter uma. Para podermos entender seu significado, temos que saber que ela contempla várias coisas como, por exemplo, a definição do nosso produto, o posicionamento de mercado da nossa empresa, a análise da concorrência, as forças, fraquezas, riscos e oportunidades.

Criar uma estratégia significa criar um projeto no papel antes de ir para a prática e, para ter ideia de sua importância, imaginemos como seria, por exemplo, a construção de um prédio sem uma planta. Como seria se fossemos pedreiros e chegássemos ao canteiro de obras, sendo que o mestre encarregado e o engenheiro dissessem que não há uma planta? Seria uma situação muito complicada.

Assim como na construção civil, toda ideia precisa ter um projeto.

Suponhamos que o engenheiro falasse ao mestre de obra que, em sua concepção, ele imaginava que o projeto seria de um prédio comercial de doze andares e que cada andar teria um determinado *layout*. Concordamos que é uma ideia sem sentido criar um projeto de construção civil sem uma planta, sem as licitações e autorizações necessárias.

É necessário todo um planejamento para se construir um prédio, fazer o desenho do projeto, algo moderno e interessante, que seja vendável. Resumindo, todo o planejamento técnico, financeiro e de logística é um trabalho imenso que deve ser feito antes do primeiro tijolo ser colocado e, sabendo disso, nós identificamos um grave problema que os líderes iniciantes têm.

Não se deve começar uma estratégia de liderança sem planejamento, ou seja, sem a organização necessária, pois pode-se chegar no meio do caminho e, então, perceber que há problemas, como um concorrente que entrega um trabalho melhor ou que não há recurso suficiente para a execução do projeto.

Uma estratégia necessita de manutenção constante e, tendo essa ideia em mente, podemos compará-la a um mapa em que demarcamos o lugar onde estamos e o lugar para onde queremos ir. Suponha que o planejamento é ir do ponto A até o ponto B e a distância entre eles seja de 1000 quilômetros. Então, para executar o plano de negócios nós devemos a cada 50 ou 100 quilômetros fazer uma revisão no plano e, quando preciso, fazer os ajustes necessários durante o percurso.

A estratégia e o planejamento são vitais para traçarmos uma linha de atuação. Não dar atenção a esses pontos é um erro muito cometido, pois às vezes, por achismo ou por uma visão individual, as pessoas acreditam que determinada ideia é uma boa oportunidade, mas nem sempre é. Essa falsa concepção pode vir de uma visão romantizada ou uma visão de ângulo pessoal, mas a realidade é que é necessário fazer uma boa pesquisa, ouvir os clientes em potencial e compreender toda a lógica do negócio.

A importância de uma estratégia também se destaca na captação de recursos financeiros. Para que possamos captar dinheiro de investidores ou de instituições financeiras, é necessário que apresentemos uma estratégia e que saibamos o valor da companhia, calculado a partir do fluxo de caixa.

Por exemplo, investidores tendem a ter mais interesse em empresas que já estejam funcionando. Então, é mais fácil conseguir investimento quando já se está no mercado obtendo resultados e se prova que é possível escalar. Mas, para que isso aconteça, é preciso ter uma estratégia e, nesse caso, um sumário executivo.

No mundo corporativo existe o sumário executivo, que nada mais é que uma estratégia compacta que se resume a dizer qual é o nosso produto, negócio, mercado, investimento e retorno, determinados no ponto de equilíbrio entre as despesas e as receitas. Isso informa quando haverá retorno do investimento feito. Então, uma vez que o sumário executivo desperta o interesse dos investidores em potencial, devemos então apresentar a eles o plano de negócios detalhado para que avaliem e determinem se vale a pena ou não investir.

É importante que saibamos que independente da participação de um investidor, é necessário que criemos sempre uma estratégia. Podemos encontrar facilmente modelos na internet, em formato de planilha, em sites como o do Serviço Brasileiro de Apoio às Micro e Pequenas Empresas (Sebrae), que disponibiliza gratuitamente modelos prontos e em branco. Existem também diversas ferramentas online de baixo custo e, além dessas alternativas, é possível criar um modelo de negócios através de programas como o Excel.

Resumindo, é necessário ter um planejamento porque quanto mais conhecimento nós temos do segmento, dos *players* de mercado, dos concorrentes e da precificação, mais chances nós teremos de conseguir resultados satisfatórios.

Outro erro que os iniciantes cometem é não se capacitarem. A liderança é uma profissão como qualquer outra, assim como um médico precisa saber clinicar e conhecer as suas competências, como um advogado precisa conhecer as leis e ter uma boa oratória, um líder precisa entender de planejamento estratégico, marketing, vendas, contabilidade, pessoas, mentoria, *coach*, etc.

Dessa forma, para sermos líderes, é necessário que haja uma determinada preparação, que envolve uma parte teórica e uma parte prática. Infelizmente, ainda nos deparamos com a ausência de aprendizado sobre liderança em escolas e, até hoje, não há um curso de nível superior de liderança em nenhuma universidade, o que interfere automaticamente na preparação de profissionais nessa área.

Os líderes iniciantes cometem o erro de não ter organização financeira, em que se planeja o orçamento e se determina as receitas, despesas, produtos e margem de contribuição. É um grande problema porque sem ela, tornamo-nos mais suscetíveis a problemas financeiros pessoais e organizacionais.

Por exemplo, uma empresa em funcionamento cresce ininterruptamente e necessita de manutenção financeira constante, de modo a evitar gastos desnecessários. A falta desse controle pode gerar diversos problemas como a ineficiência. Contratar pessoas e não acompanhar o trabalho feito por elas faz com que facilmente percamos o controle, pois várias dessas pessoas podem não ter uma visão de resultado e apenas a visão de trabalho. Porém, trabalhar não significa automaticamente ter resultado.

A falta de um bom líder faz com que muitos gastem energia desnecessariamente, então é preciso que haja um líder que direcione, cobre e oriente. Em síntese, a parte de financeira de um negócio é muito crítica e, por esse motivo, é necessário que estejamos atentos a tudo aquilo que impacta nessa área.

A falta de um bom líder gera gasto desnecessário de energia.

Outro erro é não estabelecer metas. Quando falamos sobre esse assunto, não estamos nos referindo a metas de vendas e sim a todas as metas, incluindo as operacionais. Para uma companhia obter um determinado lucro líquido, é preciso ter algumas metas operacionais cumpridas, como metas de produtividade, de redução de custos, de marketing, de reuniões de vendas, de controle financeiro e de otimização de processos. Além disso, precisamos também ter o controle dos processos dentro da empresa para conseguirmos atingir cada uma dessas metas.

Em uma fábrica de peças, por exemplo, nós podemos realizar esse controle contabilizando o tempo de produção, pois reduzindo-o conseguimos então aumentar a quantidade de peças produzidas. Nós podemos também reduzir o tempo de máquina parada, melhorar o *layout* e a logística, e otimizar os métodos fazendo uma cronoanálise.

Estabelecer metas não tem a ver somente com vendas e lucros, com metas finais. Então, é fundamental trabalhar e estabelecer também metas intermediárias. Outro erro muito prejudicial dos líderes de sucesso é desconsiderar a concorrência. Muitas vezes, as outras empresas possuem produtos de qualidade superior e também uma proposta melhor, em nome da praticidade. Entre a cautela imobilizadora e o ímpeto inconsequente há um equilíbrio, então, ao mesmo tempo em que não podemos ser extremamente conservadores, nós não podemos ser extremamente radicais. Logo, é necessário analisar concorrência, mercado, posicionamento, preço, qualidade de atendimento e equipe, além de tudo aquilo que pode nos dar parâmetros para desenvolvermos um trabalho com excelência.

Aqueles líderes que estão começando a gerir devem compreender que o controle financeiro da empresa ou da família deve sempre estar em dia, do contrário pode-se criar um péssimo hábito e gerar um enorme desconforto na gestão. Então, é importante realizar a separação das prioridades.

Os líderes erram bastante em não fazer a divulgação de suas ações corretamente. Quando não se faz uma boa campanha de marketing e não se tem um bom posicionamento e, infelizmente, isso é muito comum, pois uma vez que o marketing pessoal não é algo fácil, os líderes tendem a encontrar dificuldades e acabam pecando na execução dessa parte tão importante para o sucesso de uma boa gestão.

Existe uma ação aplicada no Brasil através do Sebrae cujo objetivo é ajudar líderes ao redor do mundo a melhorarem suas capacidades empreendedoras, dando a eles a oportunidade de testarem importantes habilidades e vivenciarem experiências que podem ser aplicadas no dia a dia.

O programa foi criado com base nas dez características do comportamento do líder, sendo a primeira delas a **busca de oportunidade** e **iniciativa**. Todo líder tem três pontos no aspecto de busca por oportunidade e iniciativa, que são: agir com proatividade, buscar possibilidades de expansão dos negócios e aproveitar oportunidades. Assim, o intuito é melhorar os negócios lendo, estudando e observando, pois, visto que o mundo dos negócios se destaca pelo seu dinamismo, é necessário que atualizemos constantemente nossos modelos para que eles sejam aderentes às necessidades do mercado.

A segunda característica importantíssima é a **persistência**, que é nada mais nada menos do que não desistir diante dos obstáculos. A maior diferença entre perdedores e ganhadores é a persistência, pois, em uma luta, não vence quem bate com mais força e sim quem fica mais tempo de pé.

Um clichê de persistência é o conhecido inventor Thomas Edison, que testou 10 mil tipos de filamentos até achar o tungstênio, criando então a lâmpada. Persistir é errar e perceber que não se está recomeçando do zero e sim a partir de tudo o que aprendemos com os erros. Não há lugar no mundo para aqueles que desistem com facilidade, então devemos persistir sempre, seja em nossos sonhos, na vida pessoal ou em qualquer outro projeto.

A terceira característica do comportamento do líder é **correr riscos calculados**. Isso significa que precisamos ter um projeto bem estruturado, que é importante saber o quanto iremos investir e o quanto esperamos ter de retorno. Correr riscos calculados é saber analisar determinadas situações, considerando certos aspectos de forma que consigamos ter uma ideia de quais resultados poderão ser obtidos.

Correr riscos calculados é ter diversas alternativas e trabalhá-las a fim de evitar problemas e poder controlar toda e qualquer dificuldade que possa surgir. Devemos sim arriscar, desde que seja aquilo que podemos controlar.

O quarto item dessa lista é a exigência de **qualidade** e **eficiência**. Ser líder é ser uma pessoa comprometida com qualidade porque ela garante que o cliente compre novamente o produto e o indique. A eficiência é o que nos dá condição de ter custo competitivo, então o empresário precisa estar sempre preocupado em melhorar o negócio e os processos para que possa ter qualidade e eficiência. Isso é vital no negócio, pois uma vez que não temos qualidade e eficiência, não temos competitividade.

A quinta característica do comportamento do líder é o **comprometimento**. Ser líder é ter comprometimento 24 horas por dia, é estar ligado e se preocupar até mesmo nos fins de semana e feriados. É como ter um filho, é preciso comprometimento para que ele cresça forte e saudável, como resultado de uma união entre líder e liderados.

Quando nos tornamos líderes, nós nos comprometemos a realizar o nosso trabalho e a cumprir com tudo aquilo que prometemos, independentemente de qualquer questão interna ou externa, dispomo-nos a fazer sacrifícios pessoais visando o caminho certo para alcançar os resultados desejados.

O sexto item da lista das características do comportamento do líder é a **busca de informações**. O líder deve partir por buscas inquietas de informações sobre o mercado, produtos, serviços e sobre a concorrência. Na era em que estamos, a era do conhecimento, a busca de informações é vital, então é extremamente necessário que sejamos ávidos e alimentemos a necessidade de inovação e aprimoramento.

A característica número sete envolve algo que já falamos anteriormente, o **estabelecimento de metas**. Para alcançar sucesso no mercado é necessário ter muita habilidade e disposição para estabelecer e perseguir metas. Nós precisamos ter uma visão clara de metas no curto, médio e longo prazo, e ser extremamente rígidos porque as metas são aquilo que move uma empresa, ou seja, uma empresa que não tem metas não vai para frente.

A oitava característica dessa lista é **planejamento e monitoramento sistemático**. Esse planejamento baseia-se no ciclo de Deming, também conhecido como ciclo PDCA, que visa promover melhorias contínuas nos processos dentro da empresa através de quatro passos: *Plan* (Planejar), *Do* (Fazer), *Check* (Checar) e *Act* (Agir).

Fazer um planejamento sistemático mensal e semanal é fundamental para que possamos atingir algum progresso e realizar uma das tarefas mais importantes dentro da empresa, que é acompanhar cada passo que é dado dentro dela. Liderar não é apenas dar ordens, liderar é 20% dar ordens e 80% acompanhar a execução delas.

A característica nove é **persuasão** e **rede de contatos**. Nós, os empreendedores, precisamos de alguém que tenha uma boa persuasão porque é necessário que possamos atrair profissionais capacitados para trabalhar em nossa empresa, fornecedores e clientes, sendo assim, precisamos de alguém que tenha uma boa rede de relacionamentos, um bom *networking*. É vital ter o apoio de pessoas para que o projeto caminhe e para que possamos também viabilizar as atividades que faremos.

O décimo e último item da lista de características do comportamento do líder é a **independência** e **autoconfiança**. Para ser um bom líder, é necessário que sejamos pessoas independentes e autossuficientes capazes de ouvir as outras pessoas, mas com a convicção de avançar sozinho quando necessário. Um bom líder tem autoconfiança para poder se posicionar e seguir adiante nas mais complicadas situações. Nós como líderes não podemos jamais transmitir desconfiança, insegurança ou incerteza, nós devemos cuidar daqueles que fazem parte de nossa equipe para que eles possam cuidar bem de nossos clientes de nossa empresa.

4.1 SER LÍDER É DIFERENTE DE TER PODER

O Brasil precisa de nós. O que nós brasileiros precisamos é de apoio para onde ir, de ter o que fazer, de ter portas destrancadas, de liderar onde tiver que ser. Estamos dispostos a servir e a fazer diferença para gerar oportunidades para outras pessoas, sendo líderes de sucesso.

Liderança não é ter poder, é ter atitude, comportamento de dono, iniciativa e propósito. Vamos imaginar um caso hipotético em que um aspirante a líder vai morar em São Paulo aos 4 anos de idade e perde a mãe aos 7 anos e meio. Ele está entre pessoas que o amam, pai, tio, tia e irmão mais velho. Ali, na família, começa a liderança, ali começam as mentorias, pois quando nós aceitamos ouvir pessoas que nos amam e já viveram mais do que nós, percebemos que elas querem nos passar o melhor. Porém, se passarem algo que achamos que não é o melhor, devemos filtrar.

A liderança começa na família.

"Para começar a ganhar dinheiro, basta estar disposto a trabalhar mais do que a média!".

Trabalhar uma média de 14 horas por dia não faz com que deixemos a família, não nos impede de brincarmos com nossos filhos, de termos um bom relacionamento com a esposa, com o pai, com a mãe, os irmãos. Família é onde nós recarregamos as baterias, mas o dia tem 24 horas e nós aprendemos a lidar com essas 24 horas tirando proveito, já que descobrimos que não precisávamos mais que 8 horas para dormir.

Quando nós encontramos uma pessoa que nos traz para dentro do time e trabalha para gerar oportunidade para nós e mais alguém, encontramos um líder. Precisamos ter comportamento e atitude de dono, fazer o horário de dono. Este vai para casa e continua trabalhando na mente, quando ele vai brincar com o filho, do nada o filho fala algo e dali ele tira um ensinamento que vai levar para o negócio. Isso é liderança, é assumir responsabilidades, fazer de dentro para fora, impactar a vida das pessoas.

Toda vez que pensarmos em desistir, devemos pensar que estamos em um país que é um continente, que é um dos melhores e maiores lugares do mundo. Temos de tudo: minério, petróleo, oxigênio, água doce, agronegócio, culturas diferentes. Então, temos que agradecer por estarmos aqui. Se nós tivermos atitude, não importa onde estamos, mas para onde queremos ir.

Quando damos o primeiro passo, devemos encher o peito de gratidão pois temos para onde ir, milhões de pessoas gostariam também de ter para onde ir. Se nós já sabemos como se faz e já temos vivência, uma pandemia invisível vai nos impedir de algo? Vamos tomar todos os cuidados necessários, mas não vamos parar de sonhar e de ter esperança.

Levante-se de manhã e vá, mesmo com medo. Entenda, o medo é uma válvula para ajudar no equilíbrio, não para nos impedir, mas para nos equilibrar. O medo não é obstáculo, é degrau para a gente subir. É como a crise, menor do que nós, por isso quando o encaramos, ele se intimida.

Devemos trazer nossos problemas para nós, assim eles ficarão pequenos porque passarão a ser nossos. Não terceirize seus problemas para o governo ou vizinho, não os terceirize para dólar ou euro, para o estrangeiro ou o concorrente. Devemos assumir a responsabilidade, trazer o problema para nós e assim veremos que somos maiores que eles, que achamos que estão à nossa volta.

Copie, ninguém é mais inteligente que nós, absorva o que achar necessário e o que não achar descarte. Vamos trazer para a nossa realidade, vamos colocar nosso grau de inteligência que não é menor que o de ninguém e vamos melhorar o que o outro fez, assim o ultrapassamos.

O propósito é que nos tornemos locomotivas, ensinando o próximo. Vamos transformar o meio em que vivemos, nossa sociedade, nosso país, vamos trazer a responsabilidade para nós e sejamos nós o governo, o empreendedor, o cidadão. Não queira ser puxado, vamos puxar, vamos ser locomotivas.

Se estivermos nesse país, desempregados, mas com saúde (lembrando que o problema que estamos passando é menor do que nós) vamos tirar da cabeça a Covid-19 e substituí-la por Convida-22. Nós podemos ir muito além, muito mais, podemos ajudar quem está precisando. Então, se nós aprendermos a fazer, vamos dar a mão para mais pessoas.

Não tem ninguém acima da média, ninguém muito inteligente, esperto, vivido, com uma visão diferenciada. Isso não existe, isso é o que as pessoas falam, na realidade essas pessoas são iguaizinhas a todos nós. A diferença talvez esteja na determinação e na fé, quando nós temos fé de verdade, nós saímos de manhã e colocamos em prática a positividade, que é nada mais nada menos que a extensão da fé. Quando nós acreditamos, nós colocamos em prática a positividade, nós damos o primeiro passo.

As pessoas não conseguem tudo sozinhas, o que precisamos aprender e que é mágico, é conviver com a família, valorizar as pessoas e fortalecer as relações, então assim ficaremos do tamanho que quisermos, quando aprendemos a respeitar, a conviver, a entender.

Se vamos vender um produto, primeiramente precisamos saber sobre nós, vender-nos, e para isso acontecer, nós precisamos entender do ser, reconhecer o espaço, entender o processo. O produto é só uma parte do processo, a hora que entendermos o ambiente, as pessoas e o processo, aí nós precisaremos dar um segundo passo que é atender.

Nós somos obras de arte feitas pelas mãos de Deus. Se nos desentendemos com alguém, às vezes olhamos para a obra e a depreciamos. Quem somos nós para julgar uma obra? Quem somos nós para julgar o outro? Olhe para a obra e admire-a, as pessoas são boas, elas só são diferentes e não estão prontas. Nós estamos em evolução, não é que nós temos defeitos, é porque não estamos prontos. Deus não comete falha, ele só tem uma obra constante. Quando a obra acaba é porque acabou o nosso tempo, então não julgue, nós também vamos embora.

Vamos olhar para a obra e imaginar uma criança. Como nós chegamos para conversar com uma criança se queremos que ela nos aceite? Sorria que a porta vai abrir, se for de verdade, se for verdadeiro, vamos sorrir e a pessoa irá sorrir de volta para nós, igualzinho a uma criança. Essa criança está em todos os adultos, nós não mudamos nossa personalidade, nós carregamos essa criança conosco, nossa melhor versão é essa, por isso, o sorriso espontâneo, o prazer de falar, de conviver.

Se nós queremos liderar, podemos chegar onde quisermos, mas no quesito felicidade tem uma mágica que podemos praticar desde já, é o segredo de conviver com o diferente, as pessoas são boas, elas só são diferentes. Vamos acreditar em nós mesmos, apaixonar-nos por nós mesmos, valorizar-nos, mas sem subestimarmos o outro. Aprenda a conviver com as diferenças, seja de religião ou gênero, não importa, aprenda a conviver.

Liderança versus poder

Conviva com a diferença!

A hora que aprendermos a conviver com o diferente, seremos líderes de ponta, pois para liderar nós precisamos de todo mundo e todo mundo precisa de nós, é nessa hora que temos que nos preparar para o novo normal. O novo normal é sermos seres humanos melhores, é estarmos bem, mais preparados e nos relacionando melhor com as pessoas, com a família. É estarmos mais apaixonados pelo que fazemos, mais agradecidos pela nossa existência.

Quando nós nos tornamos seres humanos melhores, nós também humanizamos as empresas, os negócios, a sociedade e, como consequência, melhoramos o país. A responsabilidade é nossa, os líderes somos nós, então vamos montar um time de empreendedores, todo mundo junto, não tem ninguém mais ou menos importante. A gandula é tão importante quanto o atacante, sem a gandula passar a bola o atacante não faz gol e o time não leva a taça.

Nós precisamos respeitar, conviver e valorizar todo mundo igualmente, a pandemia está aí para provar que somos todos iguais e que se ajudarmos meia dúzia e meia dúzia ainda estiver ruim, nós vamos continuar com o problema. Então, é nessa hora que precisamos pensar na palavra solidariedade.

Tem gente que tem foco nas preocupações erradas? Primeiramente, já é um erro termos foco na preocupação, pois ela só vai nos deprimir e nos diminuir. Nós devemos focar nas soluções, tudo tem solução. Vamos dar um exemplo, sempre onde tem um estrume (problema) tem um cavalo (ser humano para resolver). Devemos parar de olhar para o estrume e olhar para o cavalo, existem muito mais soluções do que problemas.

Liderar é a mesma coisa de ser dono, não tem diferença nenhuma. O dono é o empreendedor, se nós queremos liderar é só assumir o papel de dono. O líder é o primeiro que chega, é o cara que não leva uma hora para comer, é aquele que não fica olhando o relógio para ir embora e que, quando vai embora, fica pensando como é que ele faz para superar o dia anterior. Isso é liderança, é quando nós temos propósito, se tivermos propósito e atitude de dono nós já começamos a liderar.

Não importa onde estamos, o que importa é para onde nós vamos com posicionamento de líderes, com pensamento e resultados de empreendedores. Isso nós conseguimos agora, mudando o jeito de pensar e o comportamento, e tendo a atitude de dar o primeiro passo. Tudo começa na mente, depois processamos e executamos.

Vamos dar um exemplo que é doido, mas é a pura verdade, não tem nada que nos deixe mais sensibilizado do que quando nós perdemos um ente querido, ninguém está preparado para isso. E, quando, de repente, acaba o tempo de alguém que somos próximos, que a gente ama, nós ficamos fragilizados. Aí que nós percebemos os verdadeiros valores, que começa pela vida, e nós superamos a perda.

Então vamos imaginar, se nós conseguimos superar isso, qual outro problema seria maior que não possamos superar? Dinheiro? Isso nunca deve mudar nossos valores, dentro desses valores o básico são as pessoas, então se nós conseguimos superar quando nós per-

Liderança versus poder

demos alguém, o que nós não superaríamos quando nós perdemos o emprego, um negócio ou um dinheiro?

Se nós tivermos valores, entendemos que os maiores deles estão à nossa volta, que são as pessoas que nos amam. Não espere elas irem embora, vamos dizer a elas agora que nós as amamos, vamos nos aproximar delas, abraçá-las, beijá-las e tratá-las bem. O amanhã está muito longe. Nós podemos ser tudo que quisermos, só basta querermos.

4.2 AUMENTE O SEU PODER E ALCANCE MAIS PESSOAS

Vamos voltar ao nosso caso hipotético aquele em que passeamos juntos por fases da vida e que nos proporcionou a chance de visualizar situações e aprendizados valiosos. Suponhamos que nós perdemos mamãe com 7 anos e meio e, depois disso, nosso pai se casou outras nove vezes. Ele era trabalhador, um bom exemplo, não era do tipo que dava carinho, mas também não dava socos, ele fazia o que podia. Mas, mamãe nos ensinou uma coisa, não é o que o outro faz por nós, mas sim o que nós podemos fazer pelo outro.

Então, parte do que fazia nos sentirmos importantes era termos o poder de ajudar nosso pai. Nós não o julgávamos, nós cuidávamos dele.

Um conselho para quem quer liderar trabalhando de 6 a 8 horas no máximo por dia: isso não existe, nem que seja funcionário público. O líder, mesmo que esteja no serviço público, ele não pode se dedicar somente 6 horas por dia, o dia tem 24 horas, o homem que se dedica 6 horas por dia vai fazer o que com as outras 18 horas? É um desperdício.

Nós precisamos ter prazer naquilo que nós fazemos, se nós sentimos prazer e paixão pelo que fazemos, a gente fica 14 horas trabalhando e não nos sentimos cansados. Nós precisamos ter propósitos, o homem que trabalha 6 horas por dia tem um propósito muito limitado, isso não é coisa de empreendedor, é coisa de vagão, alguém que quer ser puxado.

Se nós queremos deixar um legado, fazer diferença para as pessoas, nós conseguiremos através da liderança. Mas não tem mágica, liderança é ir para a linha de frente, é assumir responsabilidade e trabalhar acima de 12 horas por dia. Por quê? O dia tem 24 horas, pelo menos a metade dele tem que ser produtiva, se não nós não vamos ser empreendedores, nós seremos um vagão esperando que alguém um dia nos puxe.

As pessoas que trabalham sem foco em resultado, fazem o mínimo necessário para não ser mandadas embora ou fazem na média. Elas precisam olhar mais para dentro e gostar mais de si mesmas, quando isso acontece elas sentem necessidade de terem um propósito. A pessoa que se deixa levar e faz estritamente o inevitável, não tem propósito. A gente precisa ter um propósito na vida, a gente precisa saber para onde queremos ir.

As pessoas falam muito dos milionários, do homem que conseguiu o primeiro milhão. A gente tem que ver como que ele conseguiu fazer isso, ir lá e copiar, se nós queremos ter o que o outro está tendo devemos copiar o que ele fez lá atrás e não o que ele está fazendo agora. Não devemos ter vergonha de copiar, o universo está pronto e ele foi feito para ser copiado e modificado, então vamos copiar o que nos interessa, modificar e trazer para nossa realidade.

Voltando ao nosso caso hipotético, nós copiamos a nossa disciplina e nosso comportamento espiritual de um de nossos chefes. O nosso comportamento de líder, de ralar, de ver que não tem pobreza que aguente 14 horas de trabalho, nós copiamos de nossa mãe, nossos valores vieram dela. Então, tudo foi copiado.

Isso de aceitar o que se tem para hoje foi herdado do nosso pai. Se você é mestre de obra, mas só tem vaga de servente de pedreiro e você vai trabalhar de servente, é porque tem humildade para recomeçar.

Vamos copiar, filtrar e trazer para nossa realidade, sejamos nós também exemplos, para nossa família, filhos e colegas de trabalho. Sejamos nós a dar exemplo daquilo que estamos buscando.

Liderança versus poder

Se ficamos nessa inércia é porque ainda não achamos um propósito. Então, vamos buscar nosso propósito, quando conseguimos um propósito e vamos firmes na disciplina do propósito nós seremos mais felizes, vai aumentar nossa sensação de segurança, as pessoas vão olhar para nós e o olho vai brilhar, a família vai contar mais conosco e as pessoas vão começar a nos olhar como referência, como líderes. E isso não tem preço.

É isso que nós podemos fazer, é o exemplo que deixamos e o que podemos fazer para as pessoas enquanto estamos aqui.

O bom líder dá o exemplo.

A liderança pode ser copiada, vamos dar mais um exemplo: nós não nascemos assim, nós não evoluímos, nós copiamos, nós olhávamos nossos patrões. Um deles era bonitão, ajeitado, o outro era um alemão, com muita disciplina, a hora que ele passava o chão tremia, era fantástico. O outro cuidava das pessoas da família, nós íamos para a casa dele e ele cuidava dos nossos filhos como se fossem dele. Nós víamos as coisas que nos encantavam e fazíamos igual.

Ganhava dinheiro quem fazia o certo, dentro do respeito, da ética. Quem fazia da forma correta, quem se dedicava, tinha foco, trabalhava muito e fomos fazendo assim.

Depois que nascemos, temos que lembrar que não sobrevivemos nem por horas sozinho, aí nós precisamos aprender a valorizar as pessoas, nós precisamos delas a vida inteira, nós não sobrevivemos sozinhos, então respeite e valorize o outro. Se nascemos e conseguimos viver um dia, nós já somos iluminados, agora, o que é que estamos fazendo com a luz que nós temos? Para onde estamos olhando? Todos nós já nascemos iluminados.

Dinheiro ganhamos de novo, mas tem coisa que o dinheiro não compra, vamos cuidar direito dos nossos valores e daquilo que o dinheiro não pode comprar.

Sobre a importância da credibilidade para o sucesso, podemos dizer que todas as vezes que quebramos, nós conseguimos começar de novo e ser sempre um pouquinho maior do que éramos antes. A base é a credibilidade, podemos ficar sem dinheiro, mas nunca perder a credibilidade. As pessoas não vão deixar de nos respeitar porque nós nunca vamos deixar de respeitá-las, o problema foi ter errado na estratégia de negócio.

Nós não fazemos uma conta sabendo que não poderemos pagar, se nós tivermos credibilidade e em um determinado momento estivermos sem dinheiro, não devemos nos preocupar, ninguém desaprende a andar de bicicleta, a gente monta na bicicleta e vão nos dar a seta, nos mostrar a direção e chegaremos de novo.

Quando temos credibilidade, temos apoio, parceria, carinho, respeito das pessoas e autoestima em saber que não foi preciso sacanear ninguém. Se tem um ou outro que nos julga por conta do dinheiro, nós não devemos condená-lo, isso faz parte do processo, a hora que ganharmos dinheiro essa pessoa vai se reverenciar e voltar a nos ver bem de novo. Isso só iremos conseguir se mantermos a credibilidade, isso vale mais que a conta bancária.

Sejamos os primeiros a chegar na empresa quando o caixa está vazio, quando não temos nem o que vender, isso chama-se acreditar. Credibilidade é dar a cara para bater, assumir a responsabilidade que o erro foi nosso, isso faz com que as pessoas voltem a acreditar em nós. Quando nós acreditamos em nós mesmos, contagiamos as pessoas a nossa volta a acreditarem também, isso é credibilidade, isso faz ganharmos mais dinheiro do que tínhamos. Nós podemos ficar sem crédito, mas não sem credibilidade.

Se nós encararmos e compreendermos que um problema é nosso, que nós o criamos, ele ficará pequeno. O que algumas pessoas estão passando e não conseguem se livrar dos problemas é porque elas estão terceirizando, estão culpando alguém, o sócio, o concorrente, o governo, o dólar, a crise. A hora que a gente assume a responsabilidade, mesmo que alguém ache que não somos culpados aí o problema fica pequeno, aí a gente consegue a solução para o problema.

As pessoas são boas, elas não são negativas, o que acontece é que elas podem estar negativas por alguma fraqueza. Se acreditamos em nós, se exercemos a fé de verdade, se somos da positividade e da força, ajudamos essa pessoa. Quando a gente se aproxima de uma pessoa negativa, nós não devemos nos distanciar, mas nos aproximar, pois a nossa positividade vai prevalecer sobre a negatividade dela e vamos ajudar essa pessoa.

Vai contagiar a pessoa a começar a olhar para dentro e ver os valores dela, entender que ela é muito importante e que não são os pequenos problemas ou uma fase, aquele pequeno período de negatividade, que vai derrubar o gigante que a trouxe até aqui e está dentro dela. Vamos ajudar essas pessoas a olhar para dentro, a ver a diferença que elas fazem para o planeta.

Nós vivemos em média 90 anos, temos muito tempo para ajudar as pessoas a virem para um time da positividade, não vamos fugir do negativo, sejamos positivos e auxiliemos os negativos a virem para o mesmo clube. Fazer com que as pessoas voltem a sonhar, a ter esperança, inclusive para perceberem que a pandemia foi só uma paradinha para abastecer e que o mundo não acabou.

Vamos parar de focar no problema e nos proteger, mas não parar de sonhar e de ter esperança, de planejar, arquitetar, evoluir, de termos atitude de dar um passo à frente. Esse problema é menor que nós, se nós nos acanharmos, irmos com medo, com insegurança, com incerteza, nós nos fazemos mal. Problemas vão acontecer a vida inteira, isso que nos faz evoluir.

Os problemas nos dão a oportunidade de entrar na faculdade da vida, de crescer como seres humanos, de ser melhores, mais solidários e generosos, reconhecendo os valores do outro. Nos conectamos com as demais pessoas para resolver problemas específicos, formando uma grande comunidade com o mesmo propósito – o de não querer ter problemas. E para isso acontecer, todo mundo tem que cuidar de todo mundo, nós podemos nos proteger sem parar de fazer.

A definição de empresário é aquele cara que acima da empresa cuida do que uma empresa tem de melhor que são as pessoas, começando por ele mesmo e pela família dele. Quando nós olharmos um empresário, devemos procurar ver como ele cuida da família, aí podemos ver se ele irá cuidar da gente.

A pessoa que cuida da família, que tem um bom relacionamento com ela, leva isso naturalmente para o trabalho e sabe que para tudo ocorrer bem todo mundo precisa estar bem. Para ela estar bem a empresa também precisa estar e, para isso, as pessoas que a sustentam precisam estar bem.

Então, vamos perguntar se esse empresário é do tipo que brinca com as crianças, se é do tipo que a família tem um carinho por ele. É ele que vai nos ajudar a nos fortalecer onde estivermos. Se estivermos em um lugar com uma pessoa assim, já estamos no lugar certo para liderar porque ele vai destrancar a porta para nós passarmos e vamos ficar do tamanho que quisermos.

Uma pessoa que não cuida da família, da base, não vai cuidar de nós. Então, sejamos alguém que cuida dos nossos e de si, para que não sejamos um ser que a gente vê e que só tem dinheiro, que esqueceu das pessoas.

Liderança versus poder

O bom líder dá valor e cuida de sua família.

A importância do pai e da mãe no futuro dos filhos é total, os pais são a base de tudo, vamos voltar novamente ao nosso caso hipotético. Nós fomos criados com democracia cubana, nossos filhos e nossos netos também. Mamãe nos dava o direito de concordar. Quando a gente tem um bebê, ele não sabe nada sobre a vida, nós precisamos prepará-lo, se nós dermos o direito de ele fazer o que quiser, ele irá atravessar a rua, será atropelado e nós vamos chorar.

Somos nós quem falamos para ele o que pode e o que não pode, na medida em que isso vai passando. Por que que mudamos isso? A relação de pais e filhos é para sempre. E depois de um determinado tempo, para os filhos de classe média alta entenderem que o melhor presente que eles podem dar para os pais é eles conseguirem ter uma vida segura, serem um exemplo de não fumar, de não encher a cara, de não fazer tanta besteira, mas de produzir e ter estrutura para que se o pai precisar, por maior que seja o patrimônio dele, o filho conseguir cuidar dele. Não é o dinheiro, é a sensação que podemos dar de presente para ele.

O pai tem que conduzir o filho a vida inteira, não existe ex-filho e nem ex-pai, a convivência tem que ser permanente, é isso que recarrega as baterias e fortalece. Família é quem impulsiona a gente a chegar onde quisermos. Família é a base de tudo, devemos aprender a valorizar e conviver com os nossos familiares.

O retorno de mandar uma mensagem para as pessoas da nossa família dizendo que as amamos é uma emoção que transforma o nosso dia para melhor.

Primeiro, precisamos bater a meta de crescimento humano, isso começa na base, na família, na mentoria que devemos ter com pai e mãe. Começa com mentoria quando as mães resolvem conviver com filho e não terceirizar. Quando os filhos estão com 18 anos, cada um cuida da sua vida, mas deixa de ser filho? Filho é para sempre, então isso precisa permanecer.

A nossa energia faz diferença na vida dos filhos, os valores começam na base, então pai, mãe, filho são a referência para ganharmos dinheiro. Se quisermos ser felizes, vamos fortalecer a família, não existe ex-família. Nós não conseguimos ser felizes não tendo base, não tendo estrutura familiar. Isso parte do pai e da mãe e eles é quem têm que colocar a democracia cubana para trazer os filhos, porque os netos já são deles.

O melhor presente que podemos dar a nossos pais é estar presente, conviver, fazer um carinho, falar para eles que nós os amamos, para eles verem que valeu a pena o tempo que eles estiveram aqui.

O que estamos fazendo hoje enquanto eles estão aqui? Por exemplo, nós podemos mandar uma mensagem todo dia, pois tem coisa que o dinheiro não compra e, quando a gente entender a ordem dos valores, vamos entender por que estamos vivos.

Nós só morremos uma vez, quando chegar a nossa hora, quando acabar o nosso tempo, não tem segunda chance e nem como voltar atrás. Então, o que podemos fazer hoje em comparação a ontem para evoluir e melhorar?

Qual a importância da fé na nossa vida e no nosso negócio? A fé transforma nossos pensamentos em ações positivas, ela nos leva a coisas boas. Nós já somos direcionados para o bem, a fé é o que nos sustenta, o Deus que está dentro de nós. E nós podemos compartilhar com o Deus que está dentro do outro. Temos que acreditar que Deus não sacaneia ninguém, tudo o que acontece conosco é positivo, só basta o tempo para que nós reconheçamos que fomos levados para um caminho melhor.

Nossa fé nos guia para os melhores caminhos.

4.3 CHAME ATENÇÃO, SEJA OUSADO

Para realizar sonhos, você tem que ultrapassar limites. Nós temos a capacidade de criar e utilizamos menos de 10% do nosso cérebro. Existem algumas técnicas que vão nos fazer aumentar a nossa capacidade de sonhar e de realizar. Veja, o mundo muda quando nós mudamos, quando nossa mente muda. E como é que nós mudamos a nossa mente? Nós vamos entender um pouco mais aqui.

Arrependimentos fazem parte dos processos naturais das experiências individuais. Muitas vezes, deixamos de ir em busca de nossos objetivos por medo. É então, que o arrependimento bate à porta. Vamos abordar como fazemos para ultrapassar limites e realizar seus sonhos. Esse é um tema importante e todas as pessoas deveriam pensar sobre ele. Existem cinco coisas que as pessoas se arrependem na hora da morte, quando estão no leito de partida. É um tema pesado, mas importante. Vamos aqui focar em 3:

O primeiro arrependimento que trataremos, segundo uma pesquisa realizada, é não ter amado a pessoa pela qual o coração batia mais forte. Alguém se casou e não encontrou a pessoa ideal ou ainda não soube viver um grande amor. Por exemplo, um encrencava com o outro porque o chinelo estava virado ou porque a toalha estava molhada na cama. É a primeira coisa que as pessoas mais se arrependem. O marido chama a esposa ou vice-versa, pede perdão pelas brigas ou palavras mau ditas que impediram de amar a pessoa que estava ao seu lado.

A segunda coisa que as pessoas mais se arrependem antes de partir, de acordo com pesquisa realizada pela UTI em pacientes terminais, é de não ter curtido os filhos. A criançada cresce muito rápido, a correria da vida e o tempo passa muito rápido!

E a terceira coisa, tema principal desse momento, é que as pessoas se arrependem de não terem realizado seus sonhos; alguns queriam ter sido músicos, cantores, advogados, médicos ou terem escrito um livro, feito uma novela, composto um poema.

Para realizar sonhos é preciso ultrapassar limites. Quando pensamos qual é o nosso limite, a resposta é que não existem limites para realizar sonhos, quem estabelece limites somos nós! Os limites de nossa mente são aqueles que acreditamos ter. O segredo é assumir o controle de nosso *mindset* para que os resultados comecem a aparecer.

Na Bíblia, no Livro de Jó, existe uma passagem que diz que somos "minicriadores", pois fomos feitos à imagem e semelhança de nosso Criador, e Ele criou o mundo, os planetas do Sistema Solar, a

Liderança versus poder

Via Láctea, 200 bilhões de galáxias, tudo em perfeito sincronismo. Ele criou tudo isso e nós somos os "minicriadores" desde então. Tudo o que necessitamos para criar, desenvolver, inovar, está aqui, neste planeta, e cabe a nós desenvolver a capacidade para criar carros, aviões, bicicletas, tecnologias maravilhosas que nos conectam ao mundo. Utilizamos menos de 10% de nosso cérebro, e ainda assim somos "minicriadores", imagine se nos permitíssemos usar uma capacidade maior? Não existe limite.

Deus criou o mundo e nos deu para que utilizássemos seus recursos com sabedoria.

Crenças limitantes refletem diretamente em nossa percepção de mundo. Mudança de pensamentos e atitudes são os primeiros passos para quebrar os padrões que nos limitam. O Dr. Willian T. James, 1905, professor da Universidade de Harvard, diz que "a maior revolução da minha vida foi descobrir que uma pessoa mudando suas atitudes mentais internas pode mudar os aspectos externos da sua vida".

Entenda que o seu mundo externo é reflexo de seu mundo interno. Se a sua cabeça está bagunçada internamente, a sua vida vai estar bagunçada lá fora. Nós externamos o que temos em nossa cabeça.

Se quisermos mudar o nosso mundo e nossas perspectivas, precisamos mudar nossa cabeça.

O mundo muda quando nossa mente muda, quando nossa capacidade de enxergar o mundo muda. Cada um de nós tem um mapa na cabeça sobre o mundo, alguns têm um mapa tão complicado que eles não conseguem enxergar o mundo como ele é. Mudanças de pensamentos e atitudes são os primeiros passos para quebrar os padrões que nos limitam.

Quando decidimos mudar nosso *mindset* é que as coisas começam a acontecer à nossa volta. A mudança começa dentro de nós. O limite é a gente que estabelece, como "mini-criadores", temos a capacidade de mudar os nossos limites e, para que isso aconteça, a mudança deve vir de dentro para fora.

São sete passos para mudarmos essa realidade. Em 1905, Dr. William James disse que a maior descoberta da geração dele era que se podia mudar o mundo externo mudando nosso mundo interno, a nossa cabeça, o nosso modelo mental.

Existem algumas coisas importantes para pensarmos sobre o mundo em que vivemos hoje. Vivemos em um mundo extremamente diferente, em um mundo tecnológico, conectado.

Mundo conectado.

Liderança versus poder

Há algum tempo, o homem vivia da terra, da agricultura. Durante dez mil anos, o homem tinha resultados apenas do campo. Depois, veio a Revolução Industrial, quando as pessoas que tinham as máquinas tinham acesso a outras condições. E por fim, tivemos acesso a era da Tecnologia e Informação. Estamos vivendo um momento muito especial em que a informação flui para o mundo inteiro através de várias plataformas tecnológicas em tempo real.

Hoje, vivemos uma fase muito promissora na qual temos condições de distribuir informações e ideias. As pessoas podem criar produtos de informação e trabalhar no mundo inteiro. Se o líder quiser ter sucesso nessa fase, basta fazer o que mais sabe e distribuir para o mundo todo, obtendo resultados em sua carreira profissional. A tecnologia da informação viabilizou essas mudanças!

Conhecimento é um ativo que impulsiona, que dá capacidade às pessoas para se desenvolverem. É o ativo que rende os melhores frutos. Quando vamos para outro país e na alfandega nos perguntam se temos algo a declarar, respondemos que não. Esquecemos de declarar nosso maior ativo, nosso maior bem que é o que está entre nossas orelhas, o nosso conhecimento.

Esse é um ativo que não se declara em uma alfândega, mas é uma coisa extremamente importante que as pessoas têm hoje, nós estamos na era da informação, na era em que esse ativo é o mais importante. É um bem que dá poder, capacidade para as pessoas se desenvolverem.

Essas leis, quando seguidas, ajudam-nos a desafiar nosso cérebro e a ultrapassar limites. Nós temos capacidade para atingir excelentes resultados. Existem quatro regras, quatro leis para a utilização do cérebro, para que ele funcione bem e você ultrapasse limites.

A primeira é a Lei da Crença – quer dizer acreditarmos que não existem limites, que eles são criados por nós mesmos. Estabeleça um propósito e acredite, tenha fé. As pessoas de sucesso conseguem materializar seus sonhos, elas fazem duas criações, a primeira na mente e a segunda no mundo físico. Então, vamos ter convicção e acreditar naquilo que queremos.

A segunda é a Lei da Expectativa – tem a ver com a expectativa de que coisas boas e maravilhosas vão acontecer. As pessoas que vivem com boas expectativas trazem coisas boas para elas. Isso faz com que nós contagiemos positivamente o ambiente em que estamos inseridos. É prazeroso estar com alguém que tenha expectativas positivas.

Primeiro, acreditemos na realização da nossa meta. Crer é ter a certeza sem ver. Vamos acreditar na nossa capacidade, nós somos "minicriadores" feitos à imagem e semelhança do Criador do mundo. Temos muita capacidade. Então, acreditemos em nossos sonhos.

Segundo, devemos ter uma expectativa positiva todos os dias. Ou seja, nunca ficarmos com uma expectativa negativa, porque todas as coisas cooperam para aqueles que têm um projeto em especial, existem leis universais que cooperam conosco.

A terceira lei muito importante é a da Atração, que já tratamos anteriormente e iremos recordar aqui: os opostos se atraem apenas na física, mas na realidade os opostos se opõem. Os iguais se complementam, pessoas que tem ética gostam de andar com pessoas com ética, agora pessoas com baixo nível de ética procuram andar com pessoas semelhantes a elas. Acontece que as pessoas excelentes atraem mais pessoas excelentes, e o inverso também é verdade.

A Lei da Atração diz ou coloca na nossa cabeça, que nós queremos encontrar uma pessoa para nos complementar na atividade A, B ou C. Se temos isso fixo na nossa mente, nós vamos encontrar, porque a Lei da Expectativa diz isso. Vamos exemplificar, se nós criarmos a convicção na Lei da Atração de que queremos comprar uma BMW azul, modelo XYZI, nós devemos sempre prestar atenção e ver como é essa BMW, imaginar os faróis e que estamos dentro dela porque a Lei da Atração faz com que fiquemos mais conectados, com que estejamos mais atentos a coisas que têm a ver com aquilo que queremos. Outras pessoas que estão na mesma sintonia vão estar ligadas nisso.

Você sabe o que é ressonância? Ressonância é quando alguém ou alguma coisa está vibrando na mesma frequência que nós. Por exemplo, se pegarmos um piano e o colocarmos em uma sala e pegarmos outro piano e o colocarmos em outra sala, quando teclarmos a nota Dó no primeiro piano, vai ressoar na tecla Dó do segundo piano, porque a frequência vai sensibilizar o piano da segunda sala. Isso significa a Lei da Atração, quando nós estamos vibrando em uma certa frequência e buscando alguma coisa, nós vamos nos conectar com pessoas também ligadas a essa frequência.

E a quarta é a Lei da Correspondência que diz que o nosso mundo externo é reflexo do interno. Existe uma correspondência entre esses dois mundos. Mundo interno extremamente organizado e estruturado significa mundo externo organizado e estruturado. Para melhorar a nossa vida, primeiro façamos uma visita na nossa cabeça. Devemos colocar nossa cabeça em ordem passo a passo e com isso vamos melhorar a nossa vida, vamos ultrapassar limites e atingir fronteiras extraordinárias. Não tem limites para aquele que sonha e organiza sua mente para avançar. Essas regrinhas são as 4 Leis Universais mais poderosas do cérebro para ultrapassarmos limites.

Vamos falar agora sobre os grandes realizadores. Eles são sonhadores acordados. O sonhador mais perigoso não é o que sonha dormindo, é aquele que sonha acordado, são pessoas que sonham com grandes projetos e empreendimentos, com uma família abençoada, produtiva e feliz. Nós devemos sonhar acordado!

O problema é que as pessoas só querem sonhar dormindo. Existe um filme chamado "Lawrence da Arábia", do diretor David Lean, lançado em 1969, que vale a pena assistir. Nesse filme, tem uma cena muito interessante da história de um fuzileiro inglês, no Império Otomano, que conseguiu uma certa liderança. Em uma parte do filme, os soldados estavam passando pelo deserto, naquele sol escaldante de mais de 50°C, e um deles caiu do cavalo. As pessoas não o viram e continuaram o trajeto.

E quando chegou em um determinado local, Lawrence da Arábia perguntou onde estava o soldado. Disseram que ele devia ter caído em algum lugar no deserto e devia estar morto. Lawrence colocou o seu quepe e disse que ele não estava morto, que o destino dessa pessoa estava nas decisões do grupo. Então, pegou o seu cavalo e saiu correndo de volta para o deserto para resgatar o soldado. Ao encontrá-lo, colocou-o em seu cavalo e depois voltou ao ponto onde estavam. Ele disse que o destino é escrito por aqueles que decidem construir o seu futuro.

Em busca do soldado perdido.

Esse filme é muito interessante porque essa mesma pessoa que o Lawrence resgata, no final do filme, comete uma besteira e o próprio Lawrence precisa julgar e condená-la à morte. Que ironia do destino ter que condenar à morte alguém que ele tinha salvado. É um filme de 1969.

O mais interessante é que ele disse que o destino não está escrito e somos nós que vamos definir o nosso final, com base em nossas atitudes. O Lawrence como líder, arriscou a sua vida e resgatou a pessoa, ainda que lá na frente por uma situação ou outra ter tido que condená-la.

O destino da nossa vida, os limites, crescimento e progresso dependem única e tão somente de nós. Acredite, pode mudar o governo e uma série de coisas, mas tudo isso vai ter uma interferência mínima no nosso sucesso, menos de 0,001%. A não ser que vivamos em um ambiente extremamente hostil e difícil.

Mas, considerando a realidade do Brasil e de vários países da América Latina, com exceção da Venezuela que está em um momento muito difícil, nos Estados Unidos ou em outros países do mundo, nós temos uma possibilidade muito grande de avançar.

4.4 TRANSFORME FRAQUEZA EM PODER

As nossas palavras, a nossa posição, dedicação e determinação são extremamente importantes para o sucesso. As pessoas que querem sucesso têm que ser posicionadas. O primeiro passo para podermos atingir as nossas metas é decidir exatamente o que queremos. As pessoas acreditam que atingir metas e ultrapassar limites está relacionado a ganhar dinheiro, a ficar rico, mas não é apenas isso.

Falar em ultrapassar limites muitas vezes pode dar uma conotação empresarial, e não deixa de ser, mas se partirmos do princípio de que não há limites, vemos que esse conceito serve para todas as áreas da vida, ou seja, pessoal, profissional, familiar, financeira, social, cultural e espiritual.

Vamos detalhar um pouco também as sete áreas necessárias para ter sucesso sem limites. Sucesso ilimitado é quando nós conseguimos equilibrar todas essas áreas.

A primeira é definir exatamente o que queremos. Não façamos como, por exemplo, Jean Paul Gatty, que no finalzinho da vida, viveu e morreu no Reino Unido. Ele foi um bilionário do petróleo, um homem que viveu a sua vida de maneira muito avarenta, pois dizia que absolutamente nada era mais importante que o dinheiro. Ele tem vários livros escritos e foi alguém que teve uma vida muito difícil.

No final de sua vida, ele teve um reposicionamento, mas foi uma pessoa muito dura. De que adianta vivermos procurando dinheiro. Assista o filme Antes de Partir, é um filme maravilhoso com os atores Morgan Freeman e Jack Nicholson. Trata-se de dois personagens, um homem velho e muito rico, dono de um hospital e o outro que é um homem de família.

Os dois, por ironia do destino, são internados no mesmo hospital e fizeram uma lista de desejos antes de viajar para várias partes do mundo. O homem rico pagou uma garota de programa e colocou-a para ter um relacionamento com o outro homem, que era pobre. Mas, ele não quis porque era casado e muito feliz com a esposa, contudo ficou amigo da moça.

Um filme muito lindo, que mostra a história de um homem que era riquíssimo, mas muito pobre na vida pessoal. Ele tinha uma família esfacelada, a filha não falava com ele e nem o deixava ver as netas. Em um determinado momento, ele passou o Natal e Ano Novo com duas prostitutas em seu apartamento. Mas com muita tristeza, porque as moças estavam com ele por interesse.

Quando falamos de ultrapassar limites, quando falamos de sucesso, é muito mais do que dinheiro. Dinheiro é um dos sete pilares da vida. Quando temos o suficiente para viver e termos uma vida razoável, o que vier a mais talvez não seja tão interessante.

A Roda da Vida ilustra as sete áreas da vida que devem entrar em equilíbrio. O desequilíbrio representa a Roda da Vida caótica.

Liderança versus poder

Não se iluda! Sucesso não é apenas saúde ou família, mas um conjunto de coisas. Sucesso não é também ter um corpo sarado com apenas 15% de massa gorda. É ter equilíbrio na vida. Então, quando falamos em estabelecer metas, devemos estabelecer nossas metas nas sete áreas da vida, pessoal, profissional, familiar, social, financeira, cultural e espiritual.

Para estabelecer metas, o primeiro passo é decidir o que realmente queremos na nossa área pessoal, profissional, familiar, financeira, social, cultural e espiritual.

Segunda coisa, temos que escrever as metas porque quando nós escrevemos, nós as materializamos, nós tiramos do mundo mental e colocamos no papel. Nós saímos do mundo das ideias e entramos no mundo prático. Precisamos escrever as nossas metas e lê-las todos os dias em voz alta.

Quando escrevemos, penduramos na geladeira ou no quarto. E por que temos que ler nossas metas todos os dias? Porque quando as lemos, declaramos ao universo. Uma das palavras mais conhecidas no mundo chama-se "abracadabra". Essa palavra é muito conhecida na Bíblia, em aramaico quer dizer "eu vou criando enquanto eu estou fazendo". Abracadabra é um termo muito usado pelos mágicos. Ou seja, as palavras são muito importantes.

Em Gênesis 1:1 está escrito que Deus disse "haja luz e houve luz". É importante que nós escrevamos nossas metas, que declaremos todos os dias o compromisso com elas, porque todas as manhãs quando falamos as metas para cada área, significa que vamos direcionar nosso dia para atingi-las.

O terceiro passo é determinar o preço que vamos pagar para atingir essas metas. Isso é muito importante. Tudo nesta vida que vale a pena tem um preço a se pagar. Não vamos nos iludir, não existe sucesso sem pagar um preço. Se quisermos aprender um novo idioma, temos que dedicar uma quantidade de tempo por dia para estudá-lo, se quisermos construir um relacionamento saudável, temos que investir em ouvir a família, compartilhar, administrar.

Se quisermos construir uma carreira de sucesso, precisamos desenvolver inteligência emocional e técnica, relacionamento, liderança. Para desenvolver uma liderança cristã, precisamos antes aprender sobre a palavra de Deus, a ensinar e orientar as pessoas. Já para construir uma empresa, nós precisamos fazer uma pesquisa de mercado, planejar, estruturar. Conquistar tudo o que queremos na vida exige trabalho.

Temos que saber o preço que estamos dispostos a pagar, tudo tem um preço!

O que todo mundo faz é trabalhar de segunda a sexta, em horário comercial. Os campeões trabalham à noite, nos finais de semana e feriados. Eles são feitos enquanto todo mundo está comendo batata frita e tomando chope, enquanto isso eles estão planejando, estudando e se estruturando. É assim que são feitos os campeões. Quantas e quantas vezes percebemos que as pessoas estão nas festas, nas baladas, estão conversando?

Mas, o sucesso tem um preço, que é a dedicação. É se abster dessas coisas e focar no seu sonho, na sua preparação. Nós não vamos aprender inglês sem estudar. Nós não vamos aprender a ser um grande empresário sem se desenvolver e aprender. Estudar não é necessariamente pegar o livro, é observar, aprender, conversar. Então, vamos analisar o preço que estamos dispostos a pagar.

O próximo passo é fazer um plano por escrito. Antes falamos em escrever uma meta, agora precisamos escrever um plano. O que é o plano? O plano é quando nós pegamos a meta e a desdobramos em etapas. Por exemplo, a nossa meta é falar inglês fluentemente em um ano. O que vai estar em nosso plano é estudar 40 minutos ou uma hora por dia, com um professor *online*. Então, precisamos pegar as nossas metas e quebrá-las em planos.

Qual é o plano para construir uma empresa? Para construir uma empresa, o plano é fazer um projeto pré-operacional, criar um plano de *marketing* e todo o *business plan*, estruturar como será o organograma, ou seja, é preciso ter todas as etapas. Se quisermos, por exemplo, construir uma família legal, também precisamos criar um plano para definir em quais dias vamos dar atenção especial aos nossos filhos e em quais vamos manter um relacionamento de namorado com a nossa esposa. Devemos criar um plano por escrito.

Crie o plano de marketing que fará sua empresa decolar.

O próximo passo é agir imediatamente na direção da sua meta. Os nossos sonhos não têm tempo a perder. O que transforma o sonho em realidade é estabelecer as metas e os planos, então imediatamente façamos alguma coisa em direção aos nossos sonhos. Peguemos um papel e uma caneta e escrevamos quais são nossas metas e nossos objetivos, alguma coisa que temos em mente para cada área pessoal, profissional, familiar e para as demais áreas.

Temos que tomar a decisão de fazer algo imediato em relação à meta. Meta é que nem relacionamento, não pode deixar esfriar. Temos que estabelecer metas e objetivos e uma vez estabelecidos não podemos parar, temos que seguir sempre. As coisas têm que ter continuidade, tem dias que é um pouco mais difícil que outros, mas façamos alguma coisa agora.

Lembrando um exemplo passado, na Grécia Antiga perguntaram:

— Como eu faço para chegar ao Monte Olimpo?

E um senhor, um velhinho respondeu:

— Assegure-se de que cada passo seu seja dado em direção ao Monte Olimpo.

Este senhor era Sócrates. Ou seja, todos os dias você tem que dar um passo em direção às metas, por mais simples que seja como um telefonema, uma conversa, algo que tenha que escrever.

E por último, a sétima dica é decidir que nunca vamos desistir porque o que diferencia em última análise um campeão de um perdedor é a desistência. As pessoas que desistem fácil jamais conquistam grandes metas. A vida é daqueles que persistem, que vão em frente. Desistir é atitude de derrotado, porque dificuldades vão existir muitas e muitas vezes.

E quanto mais nós procuramos desenvolver coisas maiores na vida, mais dificuldades vão surgir. Para quem quer viver uma vida muito medíocre, chegando em casa do trabalho, assistindo novela e, depois, indo dormir, a vida será muito limitada e sem grandes desafios. Só que isso também vai afundar a pessoa porque não existe coisa que deixa alguém mais triste e infeliz do que a zona de conforto. As pessoas que são fortes candidatas a terem depressão, são as que ficam na zona de conforto. Nós não estamos preparados para vivermos na zona de conforto, o ser humano foi preparado para desafios.

Nós fomos criados para fazermos coisas extraordinárias, aceitar coisas pequenas não faz parte da nossa natureza, porque nós somos feitos à imagem e semelhança do Criador do mundo. Quando falamos em ultrapassar limites, temos que pensar que isso é possível.

Fazendo uma revisão final sobre as sete áreas da vida, quando falamos em limites, queremos dizer que eles só existem na nossa cabeça, nós os impomos a nós mesmos. Não existe limite para sonhar e nem tão pouco para realizar. Não existe limite, ninguém, nenhum governo no mundo vai baixar um decreto que não podemos sonhar, ou que não podemos realizar nossos sonhos. Nós podemos tudo o que quisermos.

Somos "minicriadores", filhos do Deus Altíssimo!

Segundo ponto, nós aprendemos que há quatro leis do cérebro para nos ajudar na concentração de nossos objetivos. A primeira é a Lei da Crença, acreditar que é plenamente possível atingir esses objetivos. Vamos colocar na cabeça que é possível e fazer disso um mantra! Mantra é uma palavra hindu para se referir a algo que se torna verdade, após repetirmos nossos desejos várias vezes.

Nas prisões soviéticas de 1915, quase ninguém fugia, porque lá ficava tocando uma música 24 horas por dia que falava que fugir era impossível, que qualquer tentativa resultaria em fracasso. Sabe o que acontece com uma pessoa escutando isso o dia inteiro, todos os dias do ano? Ela desanima e não deseja fugir. Então, é importantíssimo termos crença, fazermos um mantra e repetirmos várias vezes o que desejamos.

Primeiro, devemos decidir o que queremos. Segundo, devemos escrever as metas e disparar todos os dias, lembrar do abracadabra, ou seja, enquanto eu falo acontece. Terceiro, determinar o preço que vamos ter que pagar, nós teremos que cortar o chope da noite, cortar o sábado, correr atrás dos nossos sonhos. Nós falamos sobre fazer um plano por escrito que é o passo a passo e desdobrar aquela meta grande em passos e atividades, falamos de agir todos os dias na direção dos nossos objetivos, agir imediatamente, assegurando-nos de que cada passo esteja na direção e que nunca vamos desistir.

Acredite, quando decidimos realizar um sonho, e este sonho vai nos fazer bem e fazer bem para o mundo, forças invisíveis vão nos ajudar, acreditemos nisso. Todas as pessoas que têm um projeto para melhorar suas vidas e a vida do semelhante, forças invisíveis vão ajudar. O primeiro passo é começar, quando começamos e seguimos em frente, dá certo.

Peça a Deus a ajuda de que precisa para que seu projeto obtenha êxito e ajude o próximo.

Em determinado momento da história do mundo, estava Moisés encurralado num determinado local com o povo hebreu, no momento que ele se viu encurralado, ele olhou a outra ponta e estava ouvindo o faraó com todos os carros de batalha para destruí-los. Naquele momento, esse líder pegou o cajado bateu no mar e o mar se abriu e o povo passou. Quem não conhece essa história? E depois, o mar se fechou sobre os egípcios (Êxodo 13:17-15:19).

A única coisa que ele precisava naquele momento era fé. Tenha fé que forças invisíveis vão nos ajudar quando temos um objetivo nobre para nossa vida e para a vida das outras pessoas. Lembre-se que uma vida bem vivida, um sonho que vale a pena é um sonho de equilíbrio nas sete áreas da vida, não queiramos estabelecer uma meta, um objetivo só em uma área.

A área pessoal é nossa saúde física e mental, a área profissional é conseguirmos nos desenvolver na nossa carreira, nas nossas atividades, nas boas qualidades. Na área familiar, a família é a base de uma sociedade, de um país. Tenha um objetivo na área financeira, todas as pessoas deveriam buscar a sua abastança.

Abastança não é riqueza, é quando temos o suficiente de investimentos, que o que temos de dividendos destes investimentos é o suficiente para pagarmos nossas contas. A área social, nós tivemos pai e mãe, estrutura, mas muitas pessoas não tiveram e, por isso, devemos ajudar a comunidade.

Depois, a área cultural: a vida é maravilhosa quando aprendemos mais sobre o mundo, sobre universo. Por fim, a área espiritual: nós não somos "seres humanos tendo uma experiência espiritual", somos "seres espirituais tendo uma experiencia humana", ou seja, já nascemos com uma alma, e temos uma vivência neste mundo. Entenda que a transcendência é algo com que todo adulto tem que se preocupar.

05

DICAS DE PODER

Certa vez, um aprendiz de Sócrates perguntou a ele:

— Como é que eu faço para ter sucesso?

Lembra da história do Sócrates com o balde e seu discípulo? Vamos relembrar que naquele exercício o corpo do aluno demonstrou que ele não queria morrer afogado. De maneira involuntária, o garoto se debateu em busca de ar para respirar. Quando essa mesma força involuntária ocorrer pelo sucesso, ou seja, quando a nossa vida estiver em jogo, nós realmente chegaremos até ele.

O sucesso exige muita dedicação e decisão. No momento em que Sócrates deu o exemplo, o garoto passou a compreender que o dia em que ele priorizar o sucesso, assim como fez com o ar, ele vai conseguir atingi-lo.

Segredos do Poder

Priorize o sucesso como se sua vida dependesse disso.

Da mesma forma é a nossa vida. Devemos ter foco para percebermos que é necessário renunciar uma paixão, deixar muitas coisas de lado para atingirmos o que foi planejado e desejado. Muitas vezes, temos que substituir os amigos, deixar de frequentar lugares... Será necessária uma grande mudança na própria vida.

Isso pode ser feito no tempo em que cada um julgar oportuno, pode ser em cinco ou dez anos, depende de cada um de nós. A questão aqui é que quanto mais rápido nós desejarmos obter resultados, mais intensas deverão ser as mudanças em nossas vidas. Maior será o desafio e muito maior será o preço desse sucesso.

Por exemplo, se quisermos concretizar planos traçados para dois anos em apenas um, nossas mudanças não precisarão ser tão drásticas. Apenas uma troca de responsabilidades e as coisas já podem acontecer. Mas, se quisermos realizar planos de três anos em um, a transformação começa a ficar pesada. Se você deseja crescer em um ano o que cresceria em cinco, você deverá querer isso com a mesma intensidade que deseja respirar, em caso de falta de ar. **Tudo é questão de disciplina, foco e determinação.**

Nesse sentido, a nossa primeira lição é desejar o poder, pois quando nós o desejarmos, certamente ele virá. Isso porque quando desejamos intensamente, temos atitudes de campeão, que não desiste e vai em frente em direção à vitória.

Em uma análise inicial, devemos lembrar de uma reflexão muito forte e importante que fala aos nossos corações. Jesus Cristo disse:

"Quando os olhos são bons, todo o corpo é bom, mas quando os olhos são ruins, todo o corpo sofre e padece" (Mateus 6:23).

Aqui, o Senhor Jesus Cristo nos ensinou que a forma a qual enxergamos vai determinar a nossa realidade, isso porque se nós enxergamos um mundo de oportunidades boas, já começamos certo. Então, o primeiro passo é ser otimista, olhar como alguém que acredita que tudo foi criado para o seu próprio sucesso.

Não importa a situação em que nós nos encontramos financeira ou psicologicamente, mas onde queremos chegar. Sempre existiram pessoas em situações muito piores do que as nossas e que conseguiram ter bons resultados.

Acerca do alcance do poder e do sucesso, o que tem relevância não é o ponto "A", mas o "B". A partida tanto faz, o que importa é onde vai ser a chegada. E sempre existe tempo para que seja possível conquistar nossos projetos e ressignificar valores. Então, temos que compreender que estabelecer um ponto "B" é o que realmente importa na vida.

Vamos lembrar de Napoleon Riil, um grande jornalista que pesquisou por mais de vinte anos os maiores empresários da sua época.

Ele foi financiado por Andrew Canergie, empresário do ramo de aço, e o ajudou a fazer um trabalho com vários empresários de sucesso, no começo do século XX, nos Estados Unidos.

Napoleon Hill pesquisou as características dos campeões e traçou um perfil deles, a partir das percepções que teve de pessoas como Thomas Edison e Henry Ford. Vamos refletir sobre cada uma dessas característica aqui, para que também possamos acreditar nelas e aplicá-las em nossa vida.

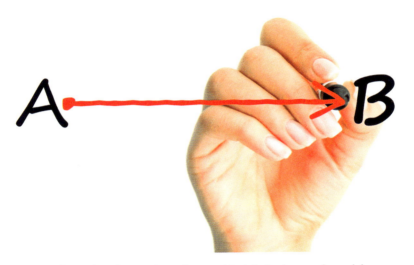

Escolha onde vai ser a chegada e qual trajeto fará para alcançá-la.

Temos que pensar no sucesso de uma forma mais ampla. Não existe apenas o sucesso dessa vida, mas um outro que transcende. Por isso, devemos acreditar que tudo é muito breve e passageiro. Mas, nessa reflexão, queremos falar do sucesso relacionado a empreendimento e crescimento. Depois, no final, falaremos desse outro projeto estratégico que pode ser muito importante para nós.

O objetivo agora é falar de crescimento, projetos, de como colocar a vida na estrada da autorrealização e fazer dez anos em um. Nós

Dicas de poder

levamos ainda como dica as estratégias de Napoleon Hill, que estudou muito tempo para nos apresentar seus conceitos.

Para termos uma ideia, Napoleon Hill e Andrew Canergie estudaram sobre John Rockefeller, George Eastman, Graham Bell, Theodor Roosevelt. Aliás, uma expedição de Roosevelt à Amazônia resultou em um livro. É algo que vamos comentar, porque o Brasil tem vários heróis anônimos.

Um grande engenheiro militar que fez um trabalho imenso na região do Mato Grosso, Manaus, Amazonas e não foi reconhecido até hoje. O Brasil tem muitos heróis e nós precisamos prestigiar essas pessoas que fizeram o bem para o nosso país.

O primeiro ponto importante para quem quer acelerar sua vida e fazer cinco anos em um é ter um propósito muito bem definido. No mundo, existem muitas possibilidades e não tem coisa pior que energia dispersa.

O que é energia dispersa?

Quem está sem foco, gastando energia em tarefas diversas, acaba não canalizando energia no objetivo definido. Então, é preciso que primeiro você tenha um propósito muito claro em mente. Nós queremos ser bons profissionais, fazer crescer um projeto. Por isso, é importante definir o que queremos na nossa vida.

Se estamos casados, devemos sentar-nos com o cônjuge e conversarmos. Se somos solteiros, procuramos o melhor amigo ou amiga e fazemos um brainstorm[1].

---

1   Brainstorm – tradução livre de chuva de ideias, ou ainda, uma técnica utilizada para estimular soluções criativas, em que todos têm voz, e devem ser inseridas nos post-its em uma parede, para uma avaliação futura.

Procure consultar o seu coração, o seu real sentido na vida, o que você veio fazer aqui, porque ter um propósito bem definido nos possibilita avançar.

Encontre seu propósito e siga-o!

Pessoas sem propósito não sabem de onde vêm e pra onde vão. Não há como realizar conquistas em um curto espaço de tempo. Temos que falar em sinergia, o que essa palavra significa? Entenda, ninguém vence sozinho. Você não consegue ter um filho sozinho, nem construir uma empresa ou criar um projeto. Nós não fomos feitos pra vivermos sozinhos.

Então, sinergia tem a ver com juntar-se a pessoas que têm o mesmo projeto que você, bem como os mesmos desejos e objetivos. É fundamental que pratiquemos a sinergia. Aí, podemos pensar no conceito de *Master Mind,* que é o quê? É se reunir frequentemente com pessoas que têm o mesmo sonho que você.

Autoconfiança: nós temos que ter toda a confiança do mundo. Nós fomos feitos à imagem e semelhança do Criador, por isso, somos "minicriadores". Conseguimos criar avião, carro, bens de consumo... nós somos criadores.

Tudo foi criado para nós. Então, devemos ter autoconfiança, acreditarmos em nós. Todos estamos aqui para um projeto especial e único. Sabe por que nós não fomos feitos em série? Poderia ter um molde, que criasse dez pessoas como nós, não é? Mas, fomos feitos para sermos únicos.

Nós temos qualidades únicas, uma delas é a autoconfiança. Você vai ver que, para vencermos na vida, teremos que enfrentar várias dificuldades. Muitas vezes, os sabotadores são nossos amigos ou colegas, a esposa, o marido, o pai, a mãe, os irmãos. Acredite nisso! No caminho do sucesso, encontraremos resistência dentro da nossa própria casa.

As pessoas não vão nos apoiar, então a autoconfiança nos faz acreditar que existe um projeto especial para a nossa vida. Nós fomos projetados para isso. Mas, tenha cuidado, às vezes as pessoas que mais nos detonam são aquelas que estão mais próximas de nós.

Sejamos pessoas econômicas, devemos viver sempre dois degraus abaixo do que ganhamos. Se ganhamos1mil reais, vamos viver com 800 reais. Se ganhamos 2 mil reais, vamos viver com 1.700 reais. Se ganhamos 10 mil, vivemos com 8 mil e, se ganhamos 100 mil, vivemos com 80 mil reais.

Isso deve ser feito porque precisamos pegar a diferença entre o que ganhamos e o que gastamos para investirmos no futuro, pois vamos nos aposentar um dia. E não é só isso, quando adquirimos independência financeira, nossa vida tem outra perspectiva. Passamos a usar o tempo de maneira mais eficaz, colocando todo o nosso talento em prol do mundo. É por isso, que devemos ser pessoas econômicas.

Até a Bíblia Sagrada diz:

_____

"O sábio tem o suficiente para viver na riqueza e na fartura, mas o insensato não, porque gasta tudo o que ganha" (Provérbios 21:20).

_____

Quem gasta tudo que ganha não está tendo sabedoria. Só existem duas formas de lidar com dinheiro, ou trabalhamos para ganhá-lo ou ele trabalha pra nós. Precisamos escolher uma delas.

Trabalhamos para ganhar dinheiro quando vendemos nossas horas de serviço, isso é normal, está tudo certo. E o dinheiro trabalha para nós, quando temos ações em bolsas e obtemos dividendos, ou quando temos imóveis e recebemos os aluguéis. O mundo quer botar a mão no nosso dinheiro, as propagandas querem vender o que muitas vezes não precisamos. Porém, devemos ser pessoas econômicas.

Vemos jovens com um modelo de *iPhone* querendo ter outro mais avançado, porque a mídia diz que o último lançamento tem uma câmera melhor e características a, b, c. Não tem necessidade disso. Nós podemos pegar esse dinheiro e utilizá-lo em uma boa empresa para recebermos dividendos. Assim, em dez ou quinze anos, conseguimos ter nossa abastança, a nossa independência financeira.

5.1 O QUE TODA PESSOA DEVE TER PARA DESENVOLVER PODER

Sonhos e planos são lindos no papel, tem muita gente com um monte de ideias, mas o que funciona realmente é ter liderança e iniciativa. Se quisermos resultado, temos que correr atrás e muito. Precisamos agitar bastante se não as coisas não avançam. Costumamos dizer que no trabalho trocamos trezentas mensagens por dia, entre *WhatsApp*, áudios e *e-mails*. Tem dias que a quantidade é um pouco menos, outros um pouco mais.

Por que precisamos ter iniciativa e nos movimentarmos diariamente?

Liderança não é correr atrás, é correr na frente. Quem corre atrás é reativo e um líder tem que ser proativo. Líder é aquele que pega a foice, vai no meio do mato e abre a trilha para os demais poderem segui-lo. Então, se estamos sempre correndo atrás de problema, não estamos sendo líder. Um líder não remedia, vai na frente, detecta o problema em potencial e não o deixa acontecer.

Então, liderança e iniciativa fazem parte de nossa vida. Lembrando que estamos falando sobre como fazer cinco anos em um, dez anos em um. Primeiro, devemos ter um propósito claro e, depois, ter sinergia com outras pessoas. Além disso, ter autoconfiança, porque fomos feitos à imagem e semelhança do Criador, e o hábito de sermos pessoas econômicas. Também falamos da necessidade de ter iniciativa e liderança.

Se uma pessoa tem iniciativa, ela não espera, faz. Na sua empresa, tenha iniciativa, faça as coisas, tenha liderança sobre as situações, vá para cima. O máximo que pode acontecer é errar, mas se aprende com o erro, ele é um dos maiores professores que existe em nossa vida e, por isso, devemos tentar.

Albert Einstein (1931) já disse que a imaginação é mais importante que a inteligência. Imaginação é criatividade. Esses dias estávamos contando que, não tinha supermercado há cem anos. Existiam quitanda, mercearia, secos e molhados, antigamente era assim.

As pessoas iam lá, pediam um produto e o dono da venda o entregava. Aí, alguém teve a ideia de inventar um galpão grande com várias gôndolas, onde as pessoas iam pegar os produtos sem intermédio do vendedor. Lá atrás, diziam: "poxa, isso não tem nada a ver, as pessoas vão se sentir desprestigiadas porque não tem ninguém pra atendê-las". Imagina, assim surgiu o supermercado. É extraordinário, nós vamos lá e pegamos o que queremos.

Aliás, não entendemos por que no Brasil não podemos pegar a mangueira de abastecimento em um posto de gasolina e abastecermos o carro. Nos Estados Unidos e em outros países isso é possível, já que não é preciso ter uma outra pessoa para realizar essa tarefa.

Precisamos entender que a imaginação é fundamental, nós fomos feitos para criar. Imaginar significa pensar naquilo que não existe, combinar elementos. Por isso, é importante a sinergia, porque quando nos juntamos a outras pessoas, a conversa flui e vai embora. É muito bom!

Entusiasmo significa ter Deus dentro de nós, ser alguém que vibra, que é alegre e motivado, alguém que ama o seu trabalho. Precisamos amar o que fazemos, isso porque nem sempre fazemos o que amamos.

Em geral, poder é algo que muitas pessoas querem, entretanto, poucas pessoas têm, porque sucesso é uma combinação de elementos, que exigem cuidados. Existem fatores que devem ser considerados quando buscamos encontrar a melhor forma para se chegar ao sucesso, um deles é o Poder.

Todo mundo em algum momento exerce um tipo de poder!

5.2 ENTENDA SOBRE LEIS

A Constituição Brasileira, conjunto de leis que está acima de todas as demais, garante os direitos e deveres de todo cidadão brasileiro. E as crianças, que manterão essa garantia para que o país seja um lugar democrático, igualitário e justo, será que sabem o que ela representa?

A Constituição mais recente é de 1988 e foi denominada Constituição Cidadã.

Nossos filhos deveriam apreender isso na escola, verificar de perto as regras que regem o país. Se isso fosse uma prática, as futuras gerações saberiam que seus direitos e deveres são instituídos por um Estado democrático, que lhes assegura liberdade, segurança, bem-estar, desenvolvimento, igualdade e justiça, que são valores supremos de qualquer sociedade sem preconceitos.

Justiça.

Nem todos nós já nos deparamos ou ouvimos falar em nomes como Companhia Ambiental do Estado de São Paulo (Cetesb), Agência Nacional de Vigilância Sanitária (Anvisa), Consolidação das Leis do Trabalho (CLT) e Associação Brasileira de Normas Técnicas (ABNT). Todos esses órgãos juntos estabelecem um conjunto de normas e regulamentações para o correto funcionamento de empresas. Esse tipo de informação é mais comum, por exemplo, para profissionais como contadores, mas deveria ser do conhecimento de todos.

Ao abrir um novo negócio, a normalização é um processo elementar, buscando adequação às exigências referentes às mais diversas situações que envolvem diferentes órgãos governamentais. Esses pontos vão desde aspectos relacionados à segurança de funcionários até mesmo ao descarte dos resíduos.

Ao respeitar as leis, além de criar um ambiente saudável, estabelecemos condições de qualidade em nossa empresa, acarretando uma competitividade maior no mercado. Entretanto, a não regularização pode gerar graves punições e até prejuízo, o que vai desde a criação de um ambiente perigoso, por falta padronizações obrigatórias, até mesmo a aplicação de indenizações ao Estado.

Em tempos remotos de nossa existência, a questão ética esteve presente na sociedade em diferentes grupos. A cultura acaba exercendo enorme influência na ética, a própria população institui normas para um melhor convívio. Na área profissional, podemos dizer que leis e obrigações nos auxiliam nas decisões, elas acabam limitando os profissionais para seus direitos e obrigações.

Praticar atos ilícitos, além de corromper nossa moral, atinge nossa ética profissional e pessoal. Todos nós temos a obrigação de cumprir as leis e a grande maioria possui ética suficiente para segui--las. Neste sentido, fica claro que existe uma grande diferença do indivíduo diante de sua ética.

Nós precisamos ser éticos perante a sociedade, dentro de nossa profissão e na área pessoal. Esses valores são íntimos também, por isso é importante nos questionarmos diante de nossas atitudes para obter a devida confirmação de que determinada ação é ética ou não.

Quem não luta por seus direitos não é digno deles!

Entretanto, para lutar pelos seus direitos, é necessário antes conhecê-los. É importante que todos nós, além de conhecermos nossos deveres na sociedade, conheçamos nossos direitos também, ou então não será possível reivindicá-los e nem mesmo cumprirmos nossas obrigações.

Dentro dos direitos existentes, temos direitos políticos, civis e sociais. São eles que pautam o nosso comportamento e nos dizem

Dicas de poder

como devemos agir, assim como aquilo que podemos exigir enquanto cidadãos, consumidores, contratantes, companheiros e nas demais ocasiões nas quais podemos estar inseridos, em diversos momentos da vida.

As pessoas reclamam que o país tem leis que não funcionam, que os direitos não existem. Mas, elas mesmas não costumam ler e se informar adequadamente sobre exatamente o que lhes cabe. De nada adianta existir o direito e não ser utilizado, tornar-se uma simples norma escrita. Devemos procurar o que é nosso por direito e exercer nossa cidadania para, então, podermos viver em uma sociedade de maneira satisfatória.

O consumidor informado é quem sabe que, quando realiza uma compra via *internet* tem direito de devolver o produto em até sete dias após o recebimento, apenas porque não quis mais, só por desistência e arrependimento. Não precisa explicar por ter encontrado defeito no produto, nada disso. Apenas solicita o cancelamento da compra para que possa receber seu dinheiro de volta, isso é lei, está no Código do Consumidor e não se discute.

Vamos a mais um exemplo, cobranças indevidas. Bastante gente recebe fatura e faz pagamentos de valores cobrados a mais, é muito comum isso ocorrer em serviços de telefonia. Nem todos sabemos, mas o consumidor tem direito de receber não só o valor que pagou errado, mas sim o dobro, pelo erro da operadora. O caso é chamado de ação de repetição e indébito (BRASIL, 1990), e quem cobrou a mais tem que devolver em dobro.

Tem mais, o consumidor também pode ao menos uma vez por ano, paralisar, sem nenhum custo, serviços como o de televisão, energia elétrica, telefone e água. Por exemplo, se for viajar ou, como é bastante comum, ir passar o verão no Litoral. Então, quando retornar, basta solicitar que o serviço seja ligado novamente. O consumidor tem uma boa economia não pagando algo que não está usando, já que saiu de sua residência.

Outro fator de grande relevância que precisamos lembrar são as ações indenizatórias, muitas pessoas não sabem o poder que o direito oferece para solicitar o ressarcimento de danos que possam ter sofrido. Isso vai desde alimentos fora de validade que causem algum tipo de intoxicação até situações de constrangimentos que possam ter sido causadas nos mais variados momentos, resultando em sofrimento.

Em uma análise final, ler e se manter atualizado passa a ser quase uma obrigação de todos nós. É uma ferramenta indispensável para acessarmos nossos direitos e para que ninguém nos trapaceie, afinal o "mal mora logo ali" e pode nos afetar em qualquer lugar e momento de nossa vida.

As leis têm o papel fundamental de regrar nossa vida em comunidade, estabelece justamente a organização e as condutas para o desenvolvimento individual e coletivo. Para concretizar esses objetivos imprescindíveis, são aprovadas normas que determinam padrões para nossos comportamentos.

Atualmente, além das penalidades tradicionalmente impostas em casos de infração, são previstas as chamadas sanções, com o fim de incentivar o respeito e a ordem jurídica, apesar de que o sistema jurídico não se resume apenas a leis que ditam e regram nossos comportamentos.

O chamado Estado de Direito é resultado da superação do Estado Absolutista, quando prevalecia a vontade do governante. Nessa revolução, o parâmetro que regra a vida em sociedade passa a ser lei aprovada, como expressão da vontade da sociedade que convive e delibera.

Na sequência, temos a democracia, que passa a exigir que a população participe, seja de forma direta ou indireta, para definição dos rumos a serem seguidos pelas instituições e organizações. Então, assim o Estado Democrático de Direito é uma conquista histórica, que alcançamos após intensas lutas, caracterizadas por avanços e retrocessos. Atualmente, é o regime necessário para a vida em sociedade.

Dicas de poder

Mãos elevadas representando a expressão da vontade da população.

As leis aprovadas pelos representantes da população têm papel fundamental de regrar a sociedade e o Estado segundo a democracia. A importância das leis e o significado delas são tão importantes quanto o resultado da aplicação delas. Os assuntos que cada lei trata deve ser criteriosamente analisado e selecionado para o melhor convívio em sociedade.

5.3 DESCUBRA O "BOTÃO VERDE" DAS PESSOAS

Vamos começar refletindo sobre a diferença entre talento e dom. A maioria das pessoas usam talento e dom como sinônimos, mas está errado, existe uma grande diferença entre os dois. Por exemplo, o talento nós podemos entender como uma habilidade para realizar uma tarefa, ou seja, ter prática para algo, aptidão para executar com eficácia.

Entretanto, isso não significa que talento não possa ser desenvolvido por meio de prática constante. Imaginemos um jogador de tênis, por exemplo, ele começa todo treino com bastante dificuldade de pegar na raquete e de fato acertar a bolinha. Porém, com a prática e dedicação, esse jogador se sente mais confiante e passa a pensar até mesmo em seguir carreira como jogador de tênis.

Agora, quando falamos de dom, estamos falando de algo que a pessoa realiza com facilidade. Nesse caso, a pessoa não precisa de prática, ela já nasce com as competências que a tornam capaz de fazer com maestria alguma atividade.

No caso de um pedreiro, ele faz os cálculos da estrutura para desenvolver a planta da construção de uma casa, mesmo sem ter concluído o Ensino Médio. Muitas vezes, uma pessoa se torna cantora sem nunca ter tido aulas de canto. Parece impossível, mas é algo extremamente corriqueiro.

A diferença básica entre talento e dom é que o talento pode ser desenvolvido e aprimorado, já o dom é uma capacidade inata.

Como descobrir o "botão verde" das pessoas?

É a pergunta que muitos se fazem em qualquer momento da vida. Isso acontece até mesmo com aquelas pessoas que já estão no mercado de trabalho, em algumas em posições de destaque. No meio dessa busca por uma estratégia maior, deve-se motivar pessoas, contribuindo para o chamado delas e para o mundo.

Descubra seu talento e aprimore-o.

Ao longo dessa leitura, eu falarei sobre como descobrir o seu talento, o que chamo de "botão verde", e ser mais eficaz no acompanhamento e desenvolvimento das pessoas. O autoconhecimento é uma tática poderosa que pode ser utilizada nessa busca, inclusive para a descoberta do talento. Muitas pessoas adiam esse momento por pensarem que exige muito esforço, ou mesmo que não é para elas.

Qualquer pessoa pode acessar as suas chaves internas. Para isso acontecer, é preciso estar aberto para lidar com os sentimentos e emoções, identificando como se sente em relação a uma determinada situação. Esse encontro com si mesmo é poderoso, é a partir dele que a conquista da inteligência emocional acontece, existem fatores fundamentais para se ter a calma necessária para descobrir o verdadeiro talento.

Afinal, como descobrir o talento das pessoas?

Uma maneira é resgatando memórias de infância sobre algo que se gostava de fazer, pois as pessoas são menos críticas a respeito delas mesmas. Retornar no tempo e fazer uma análise para relembrar o que de fato gostávamos de fazer e por qual motivo fazíamos, pode ajudar muito nessa descoberta. Com isso, somos mais livres e desprovidos de crenças limitantes que nos impedem de alcançar o verdadeiro potencial. Outra forma é realizar cursos de aperfeiçoamento e com relação direta aos assuntos de interesse.

Mas, se você já tem a resposta sobre qual é o "botão verde" das pessoas, basta conectá-las a outras que têm os mesmos objetivos. Isso é o que ajuda a desbloquear o potencial coletivo e também colabora significativamente com o desenvolvimento individual, seja no aspecto profissional, pessoal ou familiar.

Segredos do Poder

Reúna pessoas com os mesmos objetivos.

Descarte pensamentos negativos!

As pessoas devem evitar a autossabotagem com pensamentos como "estou velho demais", "sou novo demais", "ainda não é a hora", "não estou preparado". Devemos olhar o momento como o certo e a idade como sendo a ideal. Manter os pensamentos positivos, estar aberto a relacionamentos com pessoas que possam elevar a nossa autoestima e ajudar a desbloquear o nosso potencial rumo a uma vida com propósito também é uma forte estratégia.

Os pensamentos geram emoções, que geram atitudes. Devemos direcioná-lo a algo do qual gostamos e poderemos encontrar o nosso talento de forma natural, tendo foco e determinação. Não é fácil encontrar o talento, mas isso não significa que ele não esteja lá. Devemos manter a concentração e, de forma disciplinada, estar atento a tudo o que acontece a nossa volta.

A leitura é fundamental, assim como conversar com pessoas que nós achamos que podem nos ajudar a encontrar o direcionamento a respeito do "botão verde", do que faz os olhos brilharem. Tudo isso vai ajudar a reunir informações a respeito do mundo a nossa volta e, com certeza, somará ao seu objetivo final.

Essa busca pode ser constante e sempre através de nossas interações, pois devemos dividir esse momento com os mais próximos como em uma rede de apoio. Isso pode ser importante para ajudar a se manter focado, buscar resultados diferentes e encontrar o ponto chave.

O "botão verde" das pessoas pode estar distante dos nossos olhos, só depende de observarmos, testarmos e buscarmos as respostas. Vimos ao longo de nossa reflexão que isso é algo muito pessoal. Porém, com as ferramentas certas, nós podemos acessar as áreas de conhecimento que nos conduzirão rumo às respostas que procuramos.

O que de fato acontece é que as pessoas apenas descobrem seu "botão verde" quando são motivadas a desenvolver habilidades que eram ou são necessárias para o que ela quer e tem preferência. Sabemos que é assim que as coisas funcionam porque certamente já passamos por esse processo para, então, buscarmos essa reflexão.

Descobrir o tal "botão verde" não pagará nossas contas, nem vai sucesso como mágica. É preciso trabalho, ele é de extrema relevância. Devemos nos mexer. Mova-se! Fazer o que tem que ser feito, agora. Deus não separou filas de vencedores e perdedores e muito menos deu mais dons pra uns e menos pra outros.

Todos temos nossa missão, cada pessoa recebeu seu dom. Mas, como o próprio Deus diz na Bíblia, quanto mais cuidamos mais nós temos, e quando não cuidamos até o pouco que temos nos é tirado (Mateus 25:29).

Se não estamos vivendo como gostaríamos, se não estamos felizes, não estamos vivendo da forma que Deus quer que vivamos! Precisamos hoje começar a olhar para a nossa vida, descobrir nossos dons e começar a trabalhar fortemente nossas habilidades, que são necessárias para gerar renda e viver em abundância.

Orar e perguntar a Deus qual nosso dom pode ajudar muito, sozinhos não vamos conseguir, precisamos de Deus! Até mesmo quem não acredita também precisa, e sofre menos quem reconhece primeiro. Devemos orar com fé, Ele vai nos responder com certeza! Depois, é preciso que façamos a nossa parte, como realizar cursos de qualificação profissional, procurar e começar a ajudar alguém. Dessa maneira, o resultado vem.

Não devemos prosseguir onde não somos felizes, fazendo o que não gostamos. Claro, não estou dizendo que devemos largar nosso emprego, mas é preciso mudar por dentro, começar a pensar, sentir e se imaginar sendo feliz e próspero com suas qualidades.

Podemos não mudar as condições materiais hoje, mas se mudarmos a mentalidade, nossa forma de pensar, ver e sentir, logo viveremos as melhores experiências de nossas vidas.

Outra reflexão relevante sobre impactar pessoas e descobrir o "botão verde" delas, é na área mercadológica profissional, isso acontece e é necessário no mundo do comércio também. Todos somos impactados assistindo comerciais, seja rindo, chorando ou tendo outra reação emocional. Isso porque essas mídias falam com nossos sentimentos de forma única.

Essas mídias são memoráveis porque nos causam impacto. O marketing emocional, por exemplo, deve ser uma parte essencial da sua estratégia de busca do "botão verde" das pessoas. As emoções têm um papel importante de forma a modificar nossos relacionamos com o mundo, incluindo o comércio. E, do ponto de vista do marketing, precisamos considerar o conteúdo e se ele vai despertar as emoções no público em questão.

As emoções são o que mais importam nesse caso, os profissionais do marketing estão competindo com muitas outras mídias para chamar

Dicas de poder

a nossa atenção. Provavelmente, os clientes estão consumindo muito conteúdo e passa a ser fácil ficar enterrado entre todo esse barulho.

E o que faz uma empresa se destacar?

Vale a reflexão sobre a poderosa conexão emocional que devemos criar entre nossa marca e o público. Devemos aprender que pessoas esquecem o que foi dito e o que foi feito, mas nunca esquecerão como nós as impactamos, como elas se sentiram em determinada ação.

Inspirar pessoas: caminho para o marketing de sucesso.

É por isso que os profissionais de marketing investem muito na criação de conteúdo que inspira, entretém, educa e envolve as pessoas profundamente. Vamos a alguns fatos notáveis sobre como as emoções podem afetar as conexões entre uma marca e seu público:

Rotineiramente, vemos que os anúncios com apelo emocional aos consumidores aumentaram em pelo menos 23% as vendas em comparação a outros anúncios. Em resumo, o conteúdo que provoca emoções gera um alto impacto sobre o investimento, é por isso que a estratégia de marketing de conteúdo deve ser focada em suscitar sentimentos e emoções.

Quando queremos gerar fortes impactos emocionais no público, devemos lembrar que não existe uma estratégia ou forma única para todos os casos. Não existe uma varinha mágica que podemos usar para criar a mídia perfeita com conteúdo emocional, entretanto, existem três pilares do marketing emocional que podem ajudar bastante em nossos negócios e empreendimentos.

Um deles é a autenticidade, isso porque nada é pior que apresentar uma inverdade na sua mensagem. Queremos que nosso conteúdo seja uma extensão da nossa marca e, para isso, é preciso nos alinhar aos valores e missão da empresa. Devemos lembrar do propósito da marca quando desenvolvermos nossa estratégia, pensar nos valores e nas declarações de missão e visão.

Quando lembramos das razões mais importantes da marca e do motivo pelo qual estamos nos comunicando com o público sobre um tópico específico, fica mais fácil desenvolvermos uma relação e uma mensagem autêntica por intermédio de um conteúdo impactante.

Precisamos também ser relevantes, sem isso não criamos uma conexão emocional. Se estivermos criando conteúdo e promovendo serviços de segurança em tecnologia da informação, por exemplo, não devemos publicar em canais sobre animais. É por essas e outras que devemos saber exatamente com quem estamos falando, quando temos em mente o nosso público e entendemos quais são as necessidades dele tudo fica mais assertivo.

Só se tem relevância para um objetivo específico se atuarmos no lugar correto, de forma correta, com as pessoas corretas. Por

Dicas de poder

exemplo, usar o humor é uma boa ideia, desde que o momento seja oportuno. Devemos nos certificar e mapear a estratégia do conteúdo para que os desafios específicos sejam alcançados, do contrário nossa mensagem não terá efeito.

Outro pilar é a humanização, é preciso construir uma vivência da marca. Ou seja, a estratégia deve ser desenvolvida por pessoas para outras pessoas. Não são máquinas que devem construir uma mensagem, somos nós com nossos sentimentos que devemos buscar impactar o sentimento de nossos clientes.

Eles só podem se conectar conosco no quesito emocional, a partir de um conteúdo que tenha elemento humano, não um conteúdo automático e entediante de uma entidade corporativa sem identidade. Uma excelente forma de fazer isso é usando narrativas, o *storytelling*. Quando contamos histórias acabamos impactando o público, que pode lembrar dos sentimentos e elementos de sua própria história com os quais se conectam.

Analogia ao storytelling: impacto positivo em seu público-alvo.

Manter a fidelidade e personalidade de nossa marca é deixá-la brilhar com o conto de histórias que incluam elementos que soam de fato a fidelidade com a experiência humana de seus clientes. Devemos identificar a emoção específica que desejamos impactar e, ao planejar nosso conteúdo, imaginar a experiência de nosso público.

Assim, conseguimos encontrar o "botão verde" das pessoas e ter passe livre em seus corações. É assim que se engajam profissionais no mercado de trabalho e no mundo corporativo também, lidando com as emoções das pessoas e, para isso, é necessário muita dedicação e diferentes técnicas como essas várias que verificamos detalhadamente até aqui.

LEIA TAMBÉM DO JOSÉ PAULO, PhD

De vendedor de sacolas a fundador de um grupo multimilionário. O empresário serial **José Paulo Pereira Silva** compartilha experiências, obstáculos e estratégias que o levaram a ser um dos maiores cases de sucesso nas diversas áreas em que empreendeu.

Não construo empresas para vender. (...) *Minha missão é ajudar pessoas a se desenvolverem, então dividido a empresa com quem me ajudou a construí-la, pois essa é a melhor forma de fortalecer o negócio, as pessoas envolvidas e, consequentemente, a sociedade.* (Lições para você construir negócios exponenciais, p. 93)

REFERÊNCIAS

ADOBE Stock. Disponível em: https://stock.adobe.com/>. Acesso em: 14 ago. 2021.

BANDEIRA, M. F.; BARBIERI, V. Personalidade e Câncer de Mama e do Aparelho Digestório. **Psicologia**: Teoria e Pesquisa, v. 23, n. 3, 2007. Disponível em: https://www.scielo.br/j/ptp/a/CJvSMfCHK-6vRKvR4JkHqYjq/?lang=pt&format=pdf. Acesso em: 5 out. 2021.

BÍBLIA. Português. **Bíblia Sagrada**: Antigo Testamento. Nova Tradução na Linguagem de Hoje. Bible.com. Disponível em: https://www.bible.com/pt/. Acesso em: 13 ago. 2021.

BLOG, Lean. **O que é Gemba e a sua importância na gestão Lean**. [S.d.]. Disponível em: https://terzoni.com.br/leanblog/gemba/. Acesso em: 5 out. 2021.

BRASIL. Lei n. 8.078, de 11 de setembro de 1990. **Diário Oficial da União**, Brasília-DF, 11 set. 1990. Disponível em: http://www.planalto.gov.br/ccivil_03/leis/l8078compilado.htm. Acesso em: 8 out. 2021.

BRASIL. Ministério da Infraestrutura. **Registro Nacional de Acidentes e Estatísticas de Trânsito**. 2021. Disponível em: https://www.gov.br/infraestrutura/pt-br/assuntos/transito/arquivos-denatran/docs/renaest. Acesso em: 5 out. 2021.

CAI, K. **Jeff Bezos é mais uma vez a pessoa mais rica do mundo, mesmo com queda nas ações da Amazon**. 2021. Disponível em: https://forbes.com.br/forbes-money/2021/09/jeff-bezos-e-mais-uma-vez-a-pessoa-mais-rica-do-mundo-mesmo-com-queda-nas-acoes-da-amazon/. Acesso em: 5 out. 2021.

COVEY, Stephen. **Os sete hábitos das pessoas altamente eficazes**. Rio de Janeiro, Best Seller, 2014.

EINSTEIN, Albert. **Sobre religião cósmica e outras opiniões e aforismos**. Nova Iorque: Editora Covici-Friede. 1931

FORBES. Disponível em: https://forbes.com.br/>. Verificado em: 14/08/2021.

GREENE, Robert. **As 48 leis do poder**. 3. ed. São Paulo, Rocco, 2000.

GUEDES, F. **Um país a ser reconstruído**. 2011. Disponível em: https://istoe.com.br/129147_UM+PAIS+A+SER+RECONSTRUIDO/

HUNTER, James C. **O monge e o executivo**: uma história sobre a essência da liderança. Rio de Janeiro, Sextante, 2010.

IBGE. Instituto Brasileiro de Geografia e Estatística. Disponível em: https://www.ibge.gov.br/. Acesso em: 15 ago. 2021.

IDEAL WAY. Disponível em: https://www.idealwaychurch.com/aconselhamento. Acesso em: 16 ago. 2021.

IMAI, Masaaki. **Gemba Kaizen**: uma abordagem de bom senso à estratégia de melhoria contínua. Porto Alegre, Bookman, 2014.

KIYOSAKI, Robert; LECHTER, Sharon. **Pai rico e pai pobre**. São Paulo, Elsevier, 2000.

LUKAS, PAUL. **Gillette** – In his early days the inventor of the razor and the company he built survived many close shaves with financial ruin. But his fame never translated into a personal fortune. 2003.

Referências

Disponível em: https://money.cnn.com/magazines/fsb/fsb_archive/2003/04/01/341005/. Acesso em: 4 out. 2021.

MICHAELIS. **Dicionário Brasileiro da Língua Portuguesa**. 2021. Disponível em: https://michaelis.uol.com.br/palavra/XpN7e/sabedoria/. Acesso em: 5 out. 2021.

RANDSTAD. Disponível em: https://www.randstad.com.br/>. Acesso em: 16 ago. 2021.

SHINYASHIKI, Roberto. Roberto Shinyashiki - Reflexão sobre a Sua Vida. **Youtube**, 2018. Disponível em: https://www.youtube.com/watch?v=EV9rQts1OSY. Acesso em: 8 out. 2021.

QUEM SOMOS?

A Ideal Books ganhou vida por acreditar que o conhecimento é uma das maiores ferramentas de poder para transformar as pessoas, afinal, é por meio das pessoas que mudamos a realidade do mundo. Por essa razão, diante de tantos cenários caóticos, com informações falsas e dúvidas sobre quais são os caminhos certos e errados, a nossa missão ganha cada vez mais força, pois a verdade é libertadora e permite que homens e mulheres façam suas próprias escolhas com segurança.

Somos inquietos, queremos um país melhor, e é por meio dos nossos livros e produtos com metodologias comprovadas e da nossa cultura empreendedora de resultados que vamos levar conhecimento aplicado a todos que buscam transformação de vida e de negócios. Foi por isso que a Ideal Books desenvolveu dois selos para ensinar a todos como conquistar equilíbrio e resultados com perenidade, ética e verdade: o selo Ideal Business, que distribui conhecimento voltado para todo o universo empreendedor, e o selo Ideal Life, que distribui conhecimento voltado ao desenvolvimento pessoal.

A Ideal Books é uma editora do Grupo Ideal Trends, um conglomerado de empresas multimilionário, íntegro e antenado com as principais demandas do mercado. Temos a certeza de que, com a nossa estrutura, métodos e a missão em espalhar a verdade, temos o mapa perfeito para potencializar qualquer expert que esteja alinhado com os nossos princípios e valores.

Conheça nossa loja!